JN300409

メルトダウン

金融溶解

Meltdown

A Free-Market Look at Why the Stock Market Collapsed,
the Economy Tanked, and Government Bailouts
Will Make Things Worse

トーマス・ウッズ
副島隆彦 監訳・解説　古村治彦＝訳　ロン・ポール＝序文

SEIKO SHOBO

MELTDOWN
A Free-Market Look at Why the Stock Market Collapsed,
the Economy Tanked,
and Government Bailouts Will Make Things Worse
Copyright ©2009 by Thomas E. Woods Jr.
Japanese translation rights arranged with Eagle Publishing
through Japan UNI Agency, Inc., Tokyo.

メルトダウン　金融溶解

真実を教えてくれた、マーレー・N・ロスバード（Murray N. Rothbard, 1926-1955）と
ロン・ポール（Ron Paul）に本書を捧げる。

トーマス・E・ウッズ・ジュニア

なぜ、金融はメルトダウン《溶けて流れた》したのか

「金融恐慌の真犯人」を暴く全米ベストセラー

はじめに●副島隆彦

「どうして金融恐慌が起きたのか」――人々の関心は、日本でも、アメリカでも、この疑問に今なお集中している。この疑問に答えるべく、本書が出版されるや、ニューヨークで評判をとった。

ウォール街の大銀行、大証券会社（投資銀行 investment banks《インヴェストメント・バンク》でもある）の経営陣の責任の追及が叫ばれ、非難されている。なぜこんなことになったのか、と。

アメリカのテレビ報道では、連日、頭取たちがもらっていた巨額のボーナスの額が発表され、彼らの私邸である大豪邸や自家用ジェット機が映し出された。アメリカ国民の非難がウォール街の銀行家たちに集中した。「彼らは強欲 greed《グリード》だったのだ」という言葉は、オバマ大統領の一月二〇日の就任演説でも使われた。

金融資本主義 financial capitalism《ファイナンシャル・キャピタリズム》 が抑制を失った。当の金融の専門家たちが、歯止めをかけられない投機に熱狂し、欲ボケに狂ったのである。

この本は、二〇〇九年三月にアメリカ国内でベストセラーとなった。本書『メルトダウン 金融溶解』は、発売第二週目で、ニューヨーク・タイムズ紙のベストセラー・リストで、経済書部門では第一位になり、総合でも第一一位にランクインした。著者のトーマス・ウッズが鋭く指摘したのは、「**今度の金融危機の真犯人は連邦準備制度そのものだ**」ということである。FRB《エフアールビー》（連邦準備制度理事会）はアメリカ合衆国の中央銀行であり、日本の日銀に相当する。アメリカ国民がすっかり信用してきた連邦準備制度そのものが、実は巨大なバブルの発生とその崩壊の元凶であったのだという本書の主張と結論に、アメリカ国民は衝撃を受けたのである。

ニューヨーク発の金融大恐慌は今もなお続いている。そして世界中に災いを広げている。「危機は治まった。景気は回復しつつある」という御用《ごよう》学者の意見や政府発表を、私たちは信じてはならない。こんな大本営発表を信じて、またぞろ人々は泣きを見る。銀行・証券・保険会社に騙《だま》されて、さらに手の込んだ新手《あらて》の金融バクチ商品を買っている（買わされている）。このことが分からないのなら自業自得である。また自分の大切な財産を吹き飛ばして大損する。**本書を読むことで、きっとあなたは「ガケから落ちないで済む」**。このことを、本書を責任を持って世に出した私が請け合います。

日本の読者の皆さんにも本書の内容は広く受け入れていただけるものと確信しています。それでは、アメリカの優れた専門家による「金融はどうして溶けて流れたのか」の分析をお読みください。

残念ながら経済危機はまだ続いている

本書を推す●ロン・ポール（米連邦下院議員）

「オバマ新政権は必ずや、現在の経済問題を解決してくれる」――多くのアメリカ人はそう期待している。だが、それははかない希望である。残念ながら、私は、そう言わざるをえない。

オバマ新大統領は私たちアメリカ国民に「変化《チェンジ》」を約束した。しかし、彼の政権は未曾有《みぞう》の経済危機に対して、今まで通りの、決まりきった解決策しか実行できない。このことは明らかである。表面的な解決策しか実行できずに、大きな傷を負った国が数多くある。表面的な解決策だけをひたすら実行することで、経済の回復を遅らせてしまう結果に陥ったのだ。

そういった表面的な経済問題解決策は、「自由市場経済は失敗している」という誤った信念に基づいて立案されている。だが現実は、市場が失敗しているわけではない。市場への政府の介入が、失敗を招いているのだ。連邦準備制度がドルと金利を操《あやつ》り、大失敗を招いたのである。これらの失敗は断じて市場のせいではない。それなのに主要新聞をはじめとするメディアでは、市場のせいだと決めつける意見ばかりが我がもの顔でのし歩いている。

ポール・クルーグマンを筆頭とするケインジアンたち（経済学者ジョン・メイナード・ケインズを信奉する学派）はおこがましくも「経済学者」と呼ばれている。彼らは、政府の介入によって発生した問題を、またもや介入によって解決しようとしている。そんな言説ばかりを私たちの耳になじませようと必死になっている。オバマ政権が続く間、きっと様々なレトリックが駆使されるだろう。しかし、ケインジアンたちが提示する経済問題解決法は、もはや何の解決ももたらさない。だから深刻な不況はまだまだ続いていく。私たちは、ケインジアン経済学者たちと国民に対し、ケインジアンは何の解決策も持ってはおらず、返済できないほどの政府の負債をいたずらに増やすだけだという事実を明らかにしなければならない。

それでは、この経済危機の間に、誰が無視されているのだろうか？　オーストリア学派の経済思想を信奉する自由市場主義経済学者たちが無視されている。彼らは、一九三〇年代の大恐慌だけでなく、現在の経済危機の到来をも正確に予測していた。オーストリア学派の経済学者たちの言説がようやく、人々に受け入れられ始めている。そして彼らの言説は、これまでよりも未来に与える影響が大きくなっている。

これからの数カ月の間に、世界経済に何が起こり、何をすべきかを知ったかぶりで書いた本が洪水のように出版されるだろう。だがそれらの本は間違いだらけだ。それらの本に書かれている解決策も間違いだらけだ。これだけは確かなところである。

このような状況だからこそ、本書『メルトダウン』の刊行は重要なのである。この本は、そうした状況を正しい方向に向かわせる。本書の中で著者のトム・ウッズは、注目すべき経済問題の存在、その原因、そして解決策を正確に理解し、記述している。ウッズは、現在の経済危機の原因を招いた張本人たちを、不偏不党の学者としての視点から批判している。彼らは不可解にも、ワシントンやテレビ番組内では大変な尊敬を集めている。それは不偏不党だと目されている人々に批判精神が備わっていないからである。ウッズこそは、そうした批判精神を持った学者の筆頭である。

トム・ウッズは、経済危機の襲来を実際に予想した人々が、経済危機を説明し、それから脱却する方法を提示するための理論を持っていることを称賛している。しかし、そんな人はほとんどいないのが現状だ。私たちに過った処方箋を出すニセ医者たちはたくさんいるのだが。

この本はいくつかの重要なアイディアを私たちに提示する、大切な本である。ほんの一例を挙げれば、ウッズは、オーストリア学派の提唱する「景気循環理論」を紹介している。この理論は、アメリカ人が持つべき、最も重要な経済知識である。この理論を紹介することで、ウッズは私たちアメリカ人に、どうして経済危機が発生したのかを合理的に説明してくれる。その解説には強い説得力がある。私たちが経済危機の原因を正しく認識することだけが、経済回復の近道であり、それがなければ、危機的状況は長引くばかりだからだ。

アメリカ人は、ここ何年も収入よりも支出の多い生活をしてきた。クレジットカードでたんまり買い物をし、ドル紙幣を根拠もないままにジャブジャブ刷る。こんなことを繰り返してきた。だがそれももう終わりだ。

アメリカ政府は、借金を返すために借金を重ねる、という馬鹿げた政策をこれからも実行するだろう。そしてインフレーションはひたすら進行する。私たちの経済は必ずやパンクしてしまうのだ。オバマ政権の政策など何の効果も持たない。社会保障危機が発生し、連邦政府は何十兆ドルもの負債を抱えながらも逃げ場がない、という状況で、政府にいったい何ができるというのか？　もしドル紙幣を刷り続けることで危機を脱しようとすれば、ドルの価値の永続的な下落を招く。いや、政府の経済支援策のせいで、ドルの価値は既に下落しているかもしれない。どこにも財源などないのである。

私たちは大人として考え、行動をしっかりしなければならない時期に来ている。政府が介入し、つぶすべき企業の救済を続けるならば、状況はますます悪くなる。しかし、私たちが何が起きているのかをしっかり把握し、現在の経済危機をきちんと判断し、経済をしっかりとした基盤の上に立て直せば、状況は間違いなく好転するのである。

私たちがどのように考えるか、それが何よりも重要である。そして、健全な経済教育が今ほど必要とされる時期はなかった。現在の経済危機を理解するために読むべき本は、この本以外にはない。私は、喜んでこの本を推薦し、皆さんにご紹介する。

もくじ ● Contents

［第四章］政府が原因となるバブル景気とその崩壊のサイクル

［第五章］大恐慌についての神話

［第六章］通貨という正体不明の生き物について

［装幀］……フロッグキングスタジオ

［第一章］

重要なのに無視され続けた問題

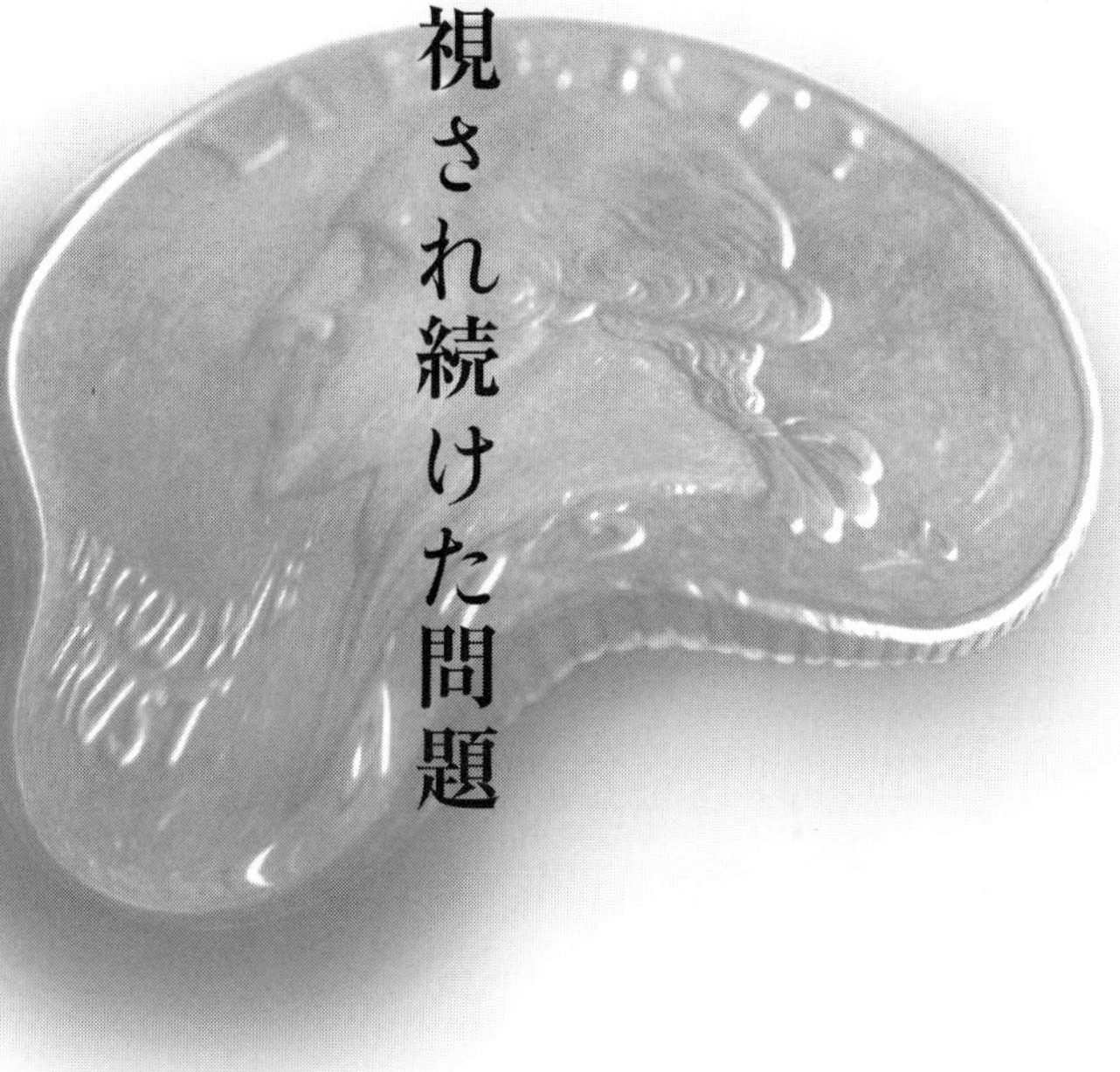

金融恐慌の根本原因を探る

二〇〇八年秋、株式市場は急落し、企業倒産が相次いだ。恐怖感と不確実性が醸《かも》し出す不安が広がった。それ以降アメリカでは、ある主張が繰り返されてきた。それは予想されたことであるし、その内容は苛烈を極めたが、一言でいうと次のようになる。

「自由市場経済（the free-market economy）《ザ・フリーマーケット・エコノミー》が失敗したのだ」

ではその解決法は何か？　バラク・オバマ大統領、ブッシュ前政権、議会の民主、共和両党所属の議員たち、そして、大新聞などのメディアは口をそろえて同じことを言う。解決法は、「より厳しい規制。より広範囲の政府介入。より大きな財政支出。大量の通貨発行。そして政府が大きな負債を抱えこむべき」である、と。

さらに悪いことに、今の状況の原因となる政策を遂行した人間たち自身が、へりくだった公僕のふりをして、経済危機から脱出するための方策を国民に示そうとしている。それはいつもいつも繰り返されたパターンだ。失敗の責任は、第一義的には、政府自身の責任とされる。ところが政府の失敗そのものによって、なんと政府権力の増強が正当化されてしまう。

テレビのニュースキャスターたちは訳知り顔で、全ての重要な疑問に、トンチンカンな答えを出す。あたかもそれが彼らの仕事だとばかりに。

今回の経済危機に関しては、彼らは正しい疑問を提示することすらできなかった。「過度のリスク、レバレッジ、巨額の負債はどうして起こったのか?」という質問はされる。だが、住宅バブルそのものについての質問は提示されない。この質問に対するニュースキャスターたちの答えは、控えめに言っても、全く役に立たないものであった。「なぜ、過度にリスク・テイキングしたのか」の疑問は、意図的に論点をずらしているのである。経済学者の中にはこの点を正しく主張している人がいるが、それでも経済危機を「強欲(greed《グリード》)」のせいにするのは、飛行機の墜落を重力のせいにするようなものである。

私たちは今度の経済危機の原因を間違った方向に求めている。現在の経済危機は、自由市場《フリーマーケット》のせいではない。政府の市場への介入(government intervention《ガヴァメント・インターヴェンション》)のせいなのだ。私は市場を過度に擁護して、このように主張しているのではない。理論と経験から導き出された主張だ。ファニーメイ(Fannie Mae)とフレディマック(Freddie Mac)は、GSE《ジーエスイー》即ち政府援助企業(government-sponsored enterprises《ガヴァメント・スポンサード・エンタープライジズ》)である。GSEはこれまで政府から特権的な扱いを受けてきた。民間の同業の住宅ローン会社に比べ、低い税金と緩い規制の恩恵を享受してきた。そのために、ファニーメイとフレディマックは住宅市場に大量の資金を供給することができた。それは、これが完全な自由市場であればできないことだった。民主党の議員たちは、長年にわたり、ファニーメイもフレディマックも順調に経営されていると嘘をついてきた。ファニーメイとフレディマックの経営がどうも危ないのではないかと警告を発していたのはごく普通の人々であった。彼らは、貧しい人々が家を所有することは危険なことだと考えて、その政策を望まなかった。

信じられないかもしれないが、貧困層の持ち家政策を支援した多くの民主党員がいた。共和党は、この民主党の失敗を攻撃材料としている。しかし同時に共和党自身の、政府支出、政府負債、そして政府の介入賛成の主張も決して褒《ほ》められたものではない。共和党もまた、民主党よりは少ないかもしれないが、政府による現在の緊急経済対策を支持し続けているのだ。政府による緊急経済対策は、自由市場が健全に機能していないことの具体例である。

自分を自由市場の擁護者だと考える人々であっても、問題の本質を理解していないようだ。確かに、彼らは「地域再投資法（Community Reinvestment Act）《コミュニティ・リインヴェストメント・アクト》」のような経済対策は、問題解決に効果はない」と指摘してはいる。しかし、個別の経済対策の問題点を指摘するくせに、共和党は、問題の本質から人々の注意をそらしてしまう結果になっているのだ。それは、医者が患者の鼻水が止まらないことばかりに注意を払い、癌《がん》細胞の方を見逃すのと同じことだ。

ワシントンにいる政治エリートたちやその他のエリートたちは、経済分野への政府の介入に疑問さえ持たない。頭から当然のことだと考えている。そして、現在の経済危機を招いた張本人の政府機関に対して疑問を呈していない。その機関とは、アメリカの中央銀行である「連邦準備制度（the Federal Reserve System《ザ・フェデラル・リザーブ・システム》）」である。連邦準備制度が今回の経済危機を招いたという報道はなされない。逆に、連邦準備制度は今回の危機から経済を救う救世主だと喧伝《けんでん》されている。大新聞、雑誌、インターネット言論は、今回の危機を詳細に調べ、その原因を特定したと主張している。だが、誤った主張である。それは、連邦準備制度の責任を何も報道していないことから分かる。昔からそうだった。連邦準備制度が創設されてほぼ一〇〇年がたったが、この間、公の場で、連邦準備制度の善悪について議論されることは全くなかった。「連邦準備制度は素晴らしい機関である。以上終わり」で済まされてきた。

　二〇〇八年九月二四日（〝リーマン・ショック〟の一週間後）、ジョージ・W・ブッシュ大統領がアメリカ国民に向けて演説を行なった。その中で、金融機関に対する緊急援助策が発表された。このときは多くのアメリカ国民がこれに強く反対した。ブッシュ大統領は演説のかなりの時間を割いて、「今度の景気後退（不況入り）の根本原因は何か」について語ったが、その内容はウソばかりであった。ファニーメイとフレディマックのことも短く、しかも曖昧《あいまい》に触れてはいた。しかし政府や連邦準備制度については何も語らなかった。

　アメリカ政界の鉄則では、連邦準備制度が行なうインフレ

連邦準備制度理事会ビル

ーションを基調とする通貨政策について、「それこそがアメリカの抱える問題の元凶《げんきょう》だ」と語るのはタブーである。アメリカの抱える問題が、バブルがはじけたことそのものであれば、それはなおさらのことだった。ブッシュ大統領は、この時演説原稿の書かれたスクリプターのままに、それをしっかりと見ながら、一行も間違えないように演説した。だが彼の演説の中には、連邦準備制度という言葉は最後まで出てこなかった。

　数週間して、ブッシュ大統領は今度は、「金融危機を協議するための国際会議を開催する」と発表した。高名な投資アドヴァイザーのマイク・シェドロックは、ブッシュ大統領の国際会議招集について次のように述べた。「金融危機に対応して、ブッシュ大統領は有能な人々を集めると言った。この人々は、何が起きたのかを見ようとしない人か、起きたことを事実ではないと否定する人、あるいは金融危機の影響を正しく理解できない人、そんな輩《やから》ばかりだった」[*1]

　ブッシュ大統領は「金融危機で揺らいでしまった資本主義の基盤をしっかり守ろう」と主張していた。これは、連邦政府がその責任を自由市場に転嫁しようとする時に使われる常套句《じょうとうく》である。とにかく、国際会議には主要国の首脳たちが招待された。

　各国首脳の反応は予想されていた。実に馬鹿げたものであった。金融危機についての国際会議が開かれると聞き、フランスのサルコジ大統領と欧州委員会のバローゾ委員長は、

［一］オフショア・タックス・ヘイヴン（offshore tax haves）と呼ばれる租税回避地を規制の対

象にすること
［二］ＩＭＦ、即ち国際通貨基金（International Monetary Fund《インターナショナル・マネタリー・ファンド》）の機能を強化すること
［三］企業の重役報酬に制限をかけること

など、意味のない提案を行なった。ところが、既にこのとき年率一％というきわめて低い金利そのもののために、世界経済が破綻《はたん》する可能性があることに誰も言及しなかった。二〇〇八年一一月一五日開催の国際会議（G7《ジーセブン》）もまた、常套句をだらだらと述べあうだけの場になってしまうだろうことも言及されなかった。[*2]

二〇〇八年一〇月、人気のウェブサイト「スレート（Slate）」を運営するスレート・グループの代表が、「今回の金融危機によって、リバータリアニズム（Libertarianism）は終焉《しゅうえん》を迎えた」と書いた。このサイトは、「今回の金融危機は全く規制されない市場が原因だ」と主張した。中央銀行、もしくは連邦準備制度については、全く言及しなかった。自由市場が、連邦準備制度を創設することはないし、連邦準備制度の誤った施策は市場の失敗ではない。スレート・グループの代表の主張は間違っている。

ほんの数人だが、連邦準備制度こそが問題なのだと喝破した人々がいる。投資の世界では賢人として知られるジム・ロジャース（Jim Rogers）、ピーター・シフ（Peter Schiff）、そしてジェームス・グラント（James Grant）たちだ。彼らは連邦準備制度こそが問題なのだと指摘した。

ジム・ロジャースは、CNBCテレビの番組に出演した際、「もし私が連邦準備制度理事会の議長に就任したら、二つの行動を取る」と述べた。その行動とは、連邦準備制度を廃止し、かつ議長を辞任するというものだった。

ジム・ロジャースたちが現在の経済危機の到来を予見していたのは偶然の産物ではない。それまでは主流メディアに登場するアナリストたちは、ロジャースたちの悲観的な予言と、連邦準備制度の政策に対する批判を笑い飛ばしていた。しかし、そんなアナリストたちの信用は、今や地に墜《お》ちている。二〇〇六年にピーター・シフが、あるテレビ番組で、今回の経済危機の到来を予言していた。その番組に出ていたアナリストたちはシフの予言を笑い飛ばしていた。動画サイト、ユーチューブ（YouTube）のおかげで、この番組での発言は今でも見ることができる。危機が来ることを予想できず、すべてはうまくいっていると述べた愚かな人々に、ジョージ・W・ブッシュとバラク・オバマは危機に対する解決策を提示するように求めている。これは予想されたことである。私たちは今、それほど困難な状況にあるのだ。

より大きな救済策、より厳しい規制、より大きな政府

不況に対処する政府の行動は簡単に予想がつく。まず政府の役人たちが問題の本質を誤って

理解し、責任を回避し、責任を誰かに押しつける。そして、かつての大恐慌の原因とその対処法を研究しはじめる。大恐慌を参考にするのは間違っている。だが政府の役人たちは、現在の状況と大恐慌の類似点をいくつも挙げる。ところが彼らは現在の状況と大恐慌、その両方ともを正しく理解してはいない。

次に、政府の役人たちはアメリカ国民に「大恐慌を再び引き起こさないために、政府は、一九三〇年代の大恐慌時代に実行された政策を再び実行すべきだ」と言う。しかし、一九三〇年代に実行された政策は、実際には、大恐慌から国を救ってはいないのである。最後には、アメリカの賢いとされる政治家たちが出てきて、事態をもっと悪化させる。政治家たちは何の自己批判もせず、莫大な政府緊急援助を次々と実行する。その結果、市場を機能させるよりも、長期にわたって経済の状況を悪いままにしてしまう。

二〇〇八年九月、アメリカ議会下院は、七〇〇〇億ドル（約七〇兆円。一ドル＝一〇〇円で換算）の金融部門に対する緊急経済安定化法案を審議していた。これは、ブッシュ政権とメディアによって「救済計画（rescue plan《レスキュー・プラン》）」とすぐに名前を変えられた。

この経済安定化法案に対するアメリカ国民の反応は素早く、明確なものであった。カリフォルニア州選出で民主党所属のバーバラ・ボクサー上院議員は、法案について有権者からEメールが一万七〇〇〇通も送られてきたと発表した。そのほとんどが法案に反対する内容であった。

ボクサー議員のカリフォルニアにある事務所には一日で二〇〇〇件を超える電話が殺到した。そのうちの約二%、四〇件だけが経済安定化法案を支持するというものであった。彼女のワシントンの事務所には九一八件の電話があり、たった一件だけが法案を支持するものであった。他の議員たちも似たような状況だったと述べている。オハイオ州選出で民主党所属のシェロッド・ブラウン上院議員は、地元の有権者たちとの交流を通して、九五%の人々が経済安定化法案に反対しているようだと述べている。[*3]

自分の選挙区の有権者が激しく反対していたのに、議員たちは無視していたのだ。それはどうしてか？　その理由を考えてみよう。

責任政治実現センターの調べによると、証券業界と投資業界は、二〇〇八年に行なわれた連邦議会選挙と大統領選挙の立候補者たちに、総計で五三〇〇万ドル（約五三億円）もの献金をしている。この額は、弁護士たちの政治献金の総額に次ぎ、業界別では第二位にランクされる。二〇〇八年九月二九日の緊急経済安定化策の下院での採決で賛成に回った議員たちは、反対した議員たちよりも、より多くの献金を銀行や証券会社から受けていた。彼らは、反対した同僚に比べると五四%も多くの献金を、銀行や証券会社から受けていたのである。[*4]

驚くべきことに、この緊急経済安定化策は下院で最初は否決されてしまったのである。起こり得ないことが起きたのだ。しかし、これは有権者が法案に反対し、議員たちがそれに従ったからだと結論付けるのは早計だ。多くの下院議員たちが法案を否決したのは、この経済安定化法案が強引に押し付けられたものであると理解したからである。このあと上院で審議された経済安定化法案には、下院で審議された法案とは異なり、預金保護の拡大など数十億ドルの価値となるオプションが含まれていた。この法案は上院で直ちに可決され、緊急経済安定化法として成立した。アメリカ国民から七〇〇〇億ドル（約七兆円）もの金《かね》を奪い、その金を、好き放題やって破綻を招いたウォール街の金融業界に与えるなどというこの救済策は間違っていると思われた。議会はさらに、金融業界に対して六〇〇〇万ドル（約六億円）の優遇税制を実施するとした。これはまた別に議論する。

この緊急経済安定化法が成立した後、ヘンリー・ポールソン財務長官は責任者としての存在感を示せなかった。経済安定化法で支出すると決められた税金は、銀行が抱える不良資産を買い上げるために使われるのだと私たちは聞かされていた。この不良資産とは、買い手のつかない不動産やそれらを担保とした住宅ローン担保証券などであった。そして、銀行間貸し付けを活発化させるためにも使われると言われていた。金融危機発生以降、銀行間貸し付けは全く行なわれないようになっていた。それぞれの銀行がどれほどの不良資産を抱えているか分からない、不安定な状況だった。ブッシュ政権、議会の指導者たち、そしてメディアは、緊急経済安定化法の効果に疑問を持つ人々や反対する人々に対し、これは正しい計画であり、必要なものだと繰り返し強調した。

しかし、緊急経済安定化法が成立すると、政府は考えを変えた。不良債権の買い上げという戦略はしばらく棚上げされることになった。その代わり、たとえ銀行が望まないと表明しても、銀行の株式の方を、緊急経済安定化法で決められた予算で買い上げることにした。ポールソン財務長官は最終的に、不良資産の買い上げは行なわないと発表した。体制エリートたちは私たちアメリカ国民に対し、「不良債権の政府買い上げはアメリカ経済にとって重要な意味を持ち、そうしないと経済危機が続き、私たちは苦しみ続けることになる」と言っていた。このエリートたちは、自分たちの発言をすぐにきれいさっぱりと忘れてしまったのである。ポールソン財務長官はのちに、「私は不良資産買い上げという政府の経済支援策を人々に喧伝するのはまずいと考えていた」と白状した。[*5]

消費者信用《コンシューマー・クレジット》もまた、しっかりと支えられるべきだとエリートは考えた。ポールソン財務長官は、「数多くのアメリカ国民が、クレジットカード金利の上昇とカードの利用制限を受けている。そのために、一般家庭の日常生活に対する支出が増大する結果となっている」と述べた。これは、論理的で説得力のあるポールソンのいつもの発言とは異なるものである。

よく考えてみよう。ある家庭が、長期にわたって、日常生活に対する支出をクレジットカードで支払い続けられるだろうか？　それができるとして、どのように行なうのか？　ポールソンの発言は、自分の稼いだ範囲内で生活するよう（市場はそれを求める）に人々に促すのではなく、借りた金を全部消費してしまうという、必ず破綻を迎える生き方を続けるように求めるものであった。政府関係者に「生きた経済」の知識と理解を求めるのは無理がある。ドイツのアンジェラ・メルケル首相は、二〇〇八年一一月に次のように述べた。「より多くの通貨を発行し、より多くの借金を作り出そうとする今のアメリカ政府のやり方は、五年以内に、現在の危機と同じような危機を再び生み出すだろう[*6]」

二〇〇八年の大統領選挙の民主・共和両党の候補者であった、オバマとマケインは、当然のことながら、議会で成立した緊急経済安定化法を支持した。この時点でアメリカ国民は、どちらかの候補者を選択するという権利を奪われた格好になった。政府の支援策を熱狂的に支持する人々のおかげで、二〇〇八年末までにアメリカ政府は七兆七〇〇〇億ドル（約七七〇兆円）も支出することになった。アメリカ政府ではなく、アメリカ国民が支出するのだ。この数字はまだほんの始まりに過ぎない。

「支出によって経済を回復する」という迷信

バラク・オバマ大統領の経済政策担当チームが「変化《チェンジ》」について語り、確かに、これまでとは違うことをしようとしているのは、すぐに分かった。だが彼らの言う「変化」とは、より巨額の救済策、より広範な政府介入、原因追求よりも対処策優先といったもので、政府負債と支出の増大につながるものであった。政治家たちは、この方法で経済が回復すると頑《かたく》なに信じている。この迷信は、論理的な説明をしても、歴史的な事実を突きつけても、なかなか取り払うことができない。「政府の介入によって経済が回復するという迷信」は、なかなか覆《くつがえ》せないものだ。それは、**「支出によって経済を回復するという迷信」**が学問的に支持を受けているからだ。政府とは、とにかく支出をしたくて仕方がない存在なのである。

自分たちの頭の中では宇宙クラスの賢人たちであるところのヘンリー・ポールソン、ベン・バーナンキ、バラク・オバマ、バーニー・フランク下院金融委員会委員長、クリス・ドッド上院金融委員会委員長らは、今の状況を放置することしかできない。政府や連邦準備制度は、今の状況を改善することなどできない。彼らにできることは、今の状況を長引かせることくらいだ。私がこの本の中で再三述べていくように、彼らは、経済危機の解決を遅らせているだけだ。どうして今のような状況になったのかを私たちが正しく理解しない限り、状況を好転させることはできないのだ。

状況を好転させるために、何か目新しい理論が必要というわけではない。この本で私は、経済がどのような状況にあり、どのような対処法を取るべきかを書いていく。そして、長年にわたり無視されてきた重要な考えの数々に注意を向けようとしている。ルードビッヒ・フォン・ミーゼスやF・A・ハイエクといった人々の自由市場に関する考えは、現在私たちが直面している経済危機に多大な示唆を与えている。それに対して他の多くの経済学者や金融アナリストたちは、経済危機自体を完全には理解できていない。

私たちがよく目にし、耳にする類《たぐい》の経済理論では、今の経済危機を説明することはできない。この本の中で私が紹介する様々な考えの多くは古くからのもので、これまでは単に無視されてきたのである。

アメリカ経済を破壊するのは連邦準備制度だ

経済学者のジェームズ・K・ガルブレイス〔訳者註：二〇〇六年に九七歳で亡くなった著名な経済学者ジョン・K・ガルブレイスの息子〕は、二〇〇八年一一月の初め、ニューヨーク・タイムズ紙のインタビュー取材を受けた。その中でガルブレイスは、「アメリカ国内に一万五〇〇〇人いる経済学者の中で、経済危機が来ると予想していたのは、わずか一〇人から一二人だけだった」と述べた。[*7] ガルブレイスと付き合いのあるお仲間の経済学者たちには、経済危機の到来を予想した人はほとんどいなかった。

しかし、ミーゼスが発展させたオーストリア学派に属する経済学者の多くは、経済危機を予想していた。オーストリア学派は勢力は小さいが、発展を続けている自由市場を基とする経済学を信奉するグループである。ミーゼス（一八八一－一九七三）とノーベル賞受賞者ハイエク（一八九九－一九九二）の流れに連なるものである。オーストリア学派に属する経済学者たちは、誰よりも早く住宅バブルに警告を発していた。また、もし経済危機が起きれば、それは長期化するとも警告していた。オーストリア学派に属する経済学者たちは、経済危機の元凶が連邦準備制度であることも見抜いていた。

連邦準備制度は、連邦政府の一部門として存在しているように装っている。連邦準備制度は、議会の制定した設置法によって設立された。トップである理事会の議長は、政府の指名によって就任し、独占的な特権を持っている。連邦準備制度は、自由市場とは正反対の原理からできている。連邦準備制度は経済計画《エコノミック・プラン》を策定し、実行する組織である。この考えは二〇世紀の遺物であり、前世紀で信頼を失った考えである。経済計画と言っても、連邦準備制度が、昔のソ連のように、鉄鋼やコンクリートの生産量を決定するわけではない。連邦準備制度は通貨供給量《マネーサプライ》と金利《インタレスト》を決定している。通貨供給量と金利によって必然的に経済の状況は大きく左右される。このことから連邦準備制度が経済計画を策定していると言ってよい。

連邦準備制度は、金利をなるべく低く設定する。その数字は、市場で決まる数字よりも低いものとなる。こうした経済への介入政策で、現在も解決の糸口さえ見えない経済危機が発生したのだ。連邦準備制度そのものが、今度の金融危機の最も大きな原因なのである。誰も望まないのに低い金利を定め、資金を過度に利用しやすくした。するとそれが過剰なレバレッジや投機、そして大きな負債を生む結果となった。連邦準備制度が金利を操作し、投資家たちに経済状況について誤った情報を与えた。そのために、資金がリターン（利益）を生み出し続けるはずのない分野にまで過大に持ち込まれ、市場が混乱する結果になった。そのことをもう一度、よく考えてみよう。

連邦準備制度の経済への介入は、バブル経済を発生させ、その崩壊を生み出した。バブル経済は必ず崩壊する。崩壊する前には人々は好景気を謳歌《おうか》しているものだ。バブルが崩壊すると、自由市場にその原因があるからだという主張は避けがたい。ところがアメリカ政府そのものや連邦準備制度の問題点を指摘することはしない。そのために経済危機は原因がわからないまま長引いてしまう。経済学者のヘンリー・ハズリットは、何十年も前に次のように書いている。

「人為的に作られた好景気は、経済危機と不況の発生という形で終焉を迎える。人為的な好景気は、不況よりも性質《たち》が悪い。人為的に作られた好景気は、人々の誤った思い込みの産物である。人々の誤った思い込みとは、不況が起きるのは不況に陥る前に発生したインフレーションのせいではなく、〝資本主義〟にもともと備わった欠点のせいなのだ、と考えることである」[*8]

連邦準備制度は、重要だが無視され続けた制度である。人々は連邦準備制度が問題であることに気づかないふりをしてきた。現在の経済危機の原因は連邦政府だと指摘する人たちも、連邦準備制度については口をつぐんでしまう。連邦準備制度の破壊的な政策のせいである現在の経済危機を、自由市場のせいにしている人々が多い。そうした問題の本質から目をそらすことが長年続いてきたが、もうたくさんだ。問題の本質、そう、連邦準備制度がアメリカの経済を、冗談ではなく、完全に破壊してしまう可能性について、私たちは真剣に考えるべき時がやって来ている。

［第二章］

連邦政府はいかにして住宅バブルを生み出したか

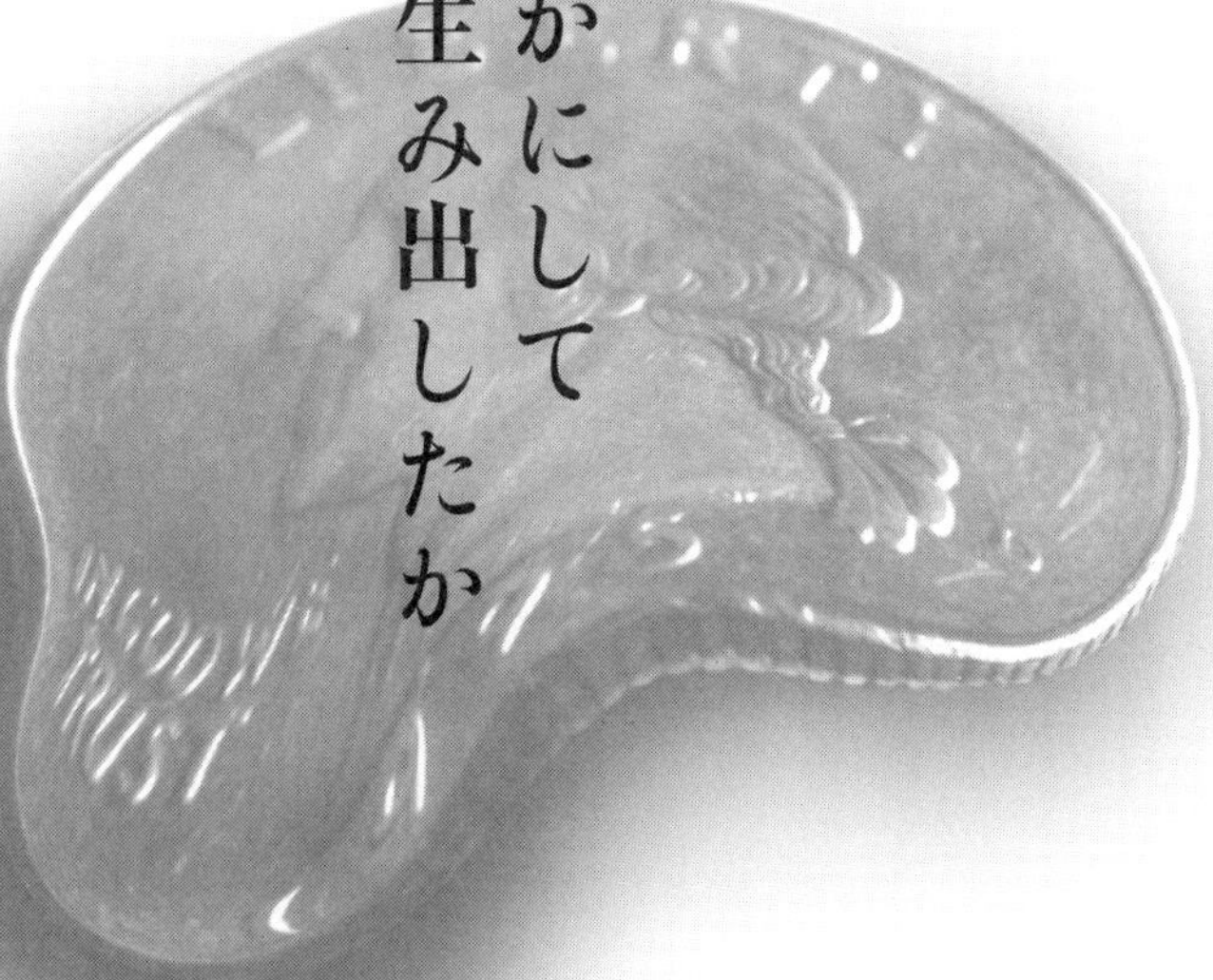

金融恐慌の真犯人を見つけた

こんな誇大広告があったことをアメリカ国民はずっと覚えているだろう。その内容は次のようなものであった。

「住宅は最高の投資対象です。住宅の価値が下がることはありえません。頭金がゼロになることで、〝みんなが持ち家を持てる社会〟の実現が近づきつつあります。そして短期間で住み替えをすることによって、お金をたくさん儲けることができます」

何と言ったらよいか、私には言葉が見つからない。

住宅価格はこのあとどこまで下落するだろうか？　それぞれの州や地方の住宅市場の状況で異なるだろう。住宅価格がこのまま下落することは間違いない。一九九〇年代に日本の住宅バブルがはじけた際には、住宅価格は平均で八〇％も下落した。

この章で見ていくが、かつて政府当局は、私たちアメリカ国民に、住宅価格が激しく急落することなど絶対に起きないと請け合った。「住宅価格は上昇しているが、これはバブルではない。だから下落することはありません」と政府は広言していたのだ。「不動産市場は個々の地域のものですから、全米規模で一斉に住宅価格が下落するようなことはありません」とも政府は言っていた。

「住宅バブルなど存在しない。だからバブルがはじけることもない」と宣《のたま》っていた人々が今でも、政府や議会、マスコミに居座っている。そして今度は、金融恐慌の解決法を、その同じ連中の口から私たちは聞かされる。何と馬鹿げた話だろう。

何が間違っていたから、現在のような金融恐慌に陥ってしまったのか？　住宅ローン債務の不履行数が着実に、そして予想を超えて増大していた。金融部門全体にその影響が波及したときに、金融恐慌は始まったのである。一般的な経済の解説では、何が起きたかのメカニズムはおおむね正しく説明できている。しかし、住宅価格の下落の本当の原因について、私たちは何の説明もうけていない。

二〇〇六年、すでに大変な状況が到来していた

一九九八年から二〇〇六年にかけて、住宅価格は劇的に上昇した。いくつかの地域では、中流家庭向けの住宅の価格が天文学的に上昇した。この住宅価格の上昇は、住宅建設数の増加の

誘因となった。しかし、住宅数が飽和状態になると、住宅価格を下落させる圧力が起きはじめた。二〇〇六年の第3四半期（夏）に、住宅価格は下落しはじめたのだ。それまでも住宅ローンの支払いに四苦八苦していた人々は、いざとなったら住宅を売ればよい、と安易に考えていた。住宅価格は上昇するものだし、ローンの借り換えも簡単にできると信じていたのだ。だが、こうした楽観論に基づいた選択肢は雲散霧消してしまった。

住宅バブルの崩壊は、住宅ローンの貸し手と借り手だけでなく、金融界全体にその影響を波及させた。金融界はMBS《エムビーエス》住宅ローン担保証券（mortgage-backed securities《モーゲージ・バックド・セキュリティーズ》）に多額の資金を投資していた。家を買おうとする人は昔から、自分の住んでいる地域の銀行から住宅ローンを借り、その銀行に月々の返済をしていた。近年では、銀行が住宅ローン債権を、第二次住宅ローン抵当市場（secondary mortgage market《セカンダリー・モーゲッジ・マーケット》）と呼ばれる市場を通じて、ファニーメイなどの機関に売却するようになった。ファニーメイなどの住宅公社に、月々の返済を支払うようになったわけだ。

ファニーメイなどは、今度は自分たちの持っている住宅ローン債権をまとめて、ひとつの金融商品、住宅ローン担保証券にして、販売するようになった。投資家がこの住宅ローン担保証券を購入すると、住宅ローンの借り手からの返済額の一部が、毎月手に入る仕組みになっている。この住宅ローン担保証券の利点は、リスクが分散されていることだと考えられていた。アメリカ全体からかき集められた住宅ローン債権で構成されているので、ある地域で住宅価格が下落しても、ほかの地域で上昇していれば、マイナスにはならないと考えられていたのだ〔訳者註：アメリカの住宅ローンはホーム・エクィティ・ローンが多く、住宅の正味価値（住宅の市場価格からローン残高を差し引いた価格）の限度までローンを組むことができる。ところが住宅の正味価格が下がれば、たとえ家を手放しても借金だけが残り、不良債権化する。住宅価格が上がり続けることを前提とした住宅ローンだった〕。証券という籠《かご》の中に、様々な地域から集められた住宅ローンが入れられているのである。それはまるで、様々な地域から集められた卵が、バスケットの中に並んでいるようなものだった。

だが、もし、「アメリカ国内全体で」住宅価格が下落し、住宅市場が縮小して、住宅差し押さえ件数が増大したら、どうなってしまうか？　実は二〇〇六年からこうした状況が始まっていた。不動産担保証券の所有者たちは、自分たちが大変な状況に陥っていることに気づいた。住宅差し押さえ件数と住宅ローンを支払えなくなった人々の数が増大した。それにつれて証券の保有者たちが受け取るリターンの額も、債券購入時の期待値よりも低くなっていったのである。不動産担保証券の価格は下落し、それを大量に保有している企業の価値も下落した。

不動産担保証券に絡《から》んで、格付け会社がスキャンダラスに取り上げられるようになった。格付け会社の役割は、様々な証券のリスクのレベルを判定することである。格付け会社は、不動産担保証券のリスクを低く判定し、その安全性に「トリプルA」という高い評価を与えていた。

不動産担保証券を保有する投資家たちは、安全で確実なリターンを見込める投資だと判断した。しかし、投資家たちは実際には、格付け会社の評価したリスクよりも、かなり高いリスクに晒《さら》されていたのである。

ここで住宅バブルの崩壊とそれに伴う経済危機の責任を、住宅ローンの「強欲な貸し手」(greedy lenders《グリーディ・レンダーズ》)である金融機関と愚かな借り手に押し付けるのは、問題の本質を見誤らせる。

私たちは次に挙げる、幾つかの疑問に取り組まねばならない。まず第一に、愚かな貸し手と借り手を生み出した構造上の問題は何か? どうして銀行があれほどの莫大な住宅ローン〔訳者註：全米で総額一四兆ドル〕を貸し出せるほどの多額の資金を保有することができたのか? 銀行は、仕事も収入も頭金もない信用度の低い人々にまで住宅ローンを貸し付けていたのだ。

これら個々の出来事、そして住宅バブルと経済危機全体については、経済に対する政府の介入という視点から理解することができる。

恐慌の犯人その1＝ファニーメイとフレディマック

住宅バブルの崩壊の中心にいたのは、それぞれ「ファニーメイ」「フレディマック」として知られる「アメリカ連邦住宅抵当公庫(the Federal National Mortgage Association《ザ・フェデラル・ナショナル・モーゲイジ・アソシエイション》)」と「アメリカ連邦住宅金融抵当公庫（the Federal Home Loan Mortgage Corporation《ザ・フェデラル・ホーム・ローン・コーポレイション》）」である。これらの公社は、連邦議会によって創設され、「政府援助企業（government-sponsored enterprises, GSEs《ガヴァメント・スポンサード・エンタープライズ》）」〔訳者註：以降はGSE《ジーエスイー》と表記する〕と呼ばれている。

彼らの役割は何か？　ファニーメイとフレディマックは、住宅ローンの借り手に直接貸し付けることはない。二つの公社は銀行から、第二次市場と呼ばれる市場を通じて住宅ローン債券を買って引き受ける。簡単に言えば、銀行は、住宅ローン貸付の契約を借り手と交わした後、そのローン債権をファニーメイとフレディマックに売却できるわけだ。売却後、住宅ローン債権は元々契約を交わした帳簿から外され、ファニーメイとフレディマックが所有し、リスクを引き受けることになる。二つの公社は、住宅ローンの月々の返済を受け取ることができるが、借り手が返済不能《デフォルト》になった際のリスクを引き受けねばならない。ファニーメイとフレディマックは、これらの住宅ローンを資産として保有するほかに、それらをひとつの商品、住宅ローン担保証券の形にして、投資家たちに販売していた。

住宅ローン契約を交わした銀行は、その債権をファニーメイとフレディマックに売却して資金を得る。その資金を住宅ローン債券市

政府援助企業ファニーメイ

場に投資したり、新しい顧客に住宅ローンとして貸し出した。こうした流れに乗って住宅ローン貸付はどんどん拡大し、お金を借りやすくなったことで人々は簡単に家を購入できるようになった。このように、住宅ローン貸付に様々な分野から資金が流れ込み、こうした住宅ローン貸付資金の増加によって住宅価格は大幅に上昇した。

しかし、これらは市場が機能して自然と生じたわけではない。連邦政府からの保証を受け、特権的な立場にあったファニーメイとフレディマックからの資金が、第二次抵当市場に大量に流れ、住宅ローン貸付資金が増加したのだ。

ファニーメイは、一九三〇年代のニューディール政策の一環で、政府機関として創設された。そして一九六八年に民営化された。フレディマックは、一九七〇年に民間企業として設立された。前述したように、これらはGSE《ジーエスイー》と呼ばれている。この二つの公社の制度上の位置付けは特殊なもので、公的なものなのか、私的なものなのか、はっきりしない。ファニーメイとフレディマックは民間の競争相手に比べると税制面で優遇され、規制も緩い。なおかつ、この二つの公社の株式はニューヨーク株式市場に上場され取引されている。ファニーメイとフレディマックの株式は「政府発行株式（government securities《ガヴァメント・セキュリティーズ》）」に指定され、銀行群がリスクの低い政府

GSEの一翼、フレディマック

機関発行債券として購入し、保有している。ファニーメイは長年にわたり、二二億五〇〇〇万ドル（約二二五〇億円）の特別保証を財務省から受けてきた。

さらに重要なことは、投資家や住宅ローンの貸し手（銀行）は、ファニーメイが必要とすれば政府は保証枠を無制限に引き上げるはずだと考えていたことだ。投資家たちは、政府援助法人が危機に陥ったら政府が税金を使って救うに違いないと考えていた。確かに投資家たちの考えは正しかった。事実、二〇〇八年、二つの公社が危機に陥った際、政府はこれらを「政府管理状態」においた。連邦政府はファニーメイとフレディマックを管理下においたのである（この点については第五章で詳述する）。

ファニーメイとフレディマックは長年にわたり、連邦政府から〝暗黙の救済保証〟を受けていた。これにより、二つの公社は投資家から莫大な資金を集め、その資金を銀行からの住宅ローン債券の購入に充てることができたのだ。その規模は、民間の競争相手では太刀打ちできないほどであった。一九九〇年代まではファニーメイもフレディマックも、住宅ローン抵当市場で活発に、また大規模には活動してはいなかった。ところが二〇〇八年に政府の管理下に入るときには、アメリカ国内の住宅ローン債権の半分と、新しい住宅ローン債権の四分の三を保有するほどに肥大していた。

ワシントンの政治家たちは「恵まれない（disadvantaged）《ディスアドヴァンテイジッド》人々」を助けるという名目で、住宅ローンの貸出基準を引き下げようと躍起になっていた。ファニーメイはその片棒を担ぐ結果になった。一九九九年九月、ニューヨーク・タイムズ紙は次のように報じた。

「ファニーメイが個人に貸し付けられた住宅ローンを購入するようになった。この措置によって銀行は、今までなら住宅ローンを借りる基準に満たなかった個人にも貸し出すようになった。クリントン政権は、中流、もしくは低所得者層が住宅ローンを組めるよう、ファニーメイに圧力をかけていた。今回の措置は政府からの圧力を受けて決定されたものである」[*1]

ニューヨーク・タイムズ紙はさらに、「住宅ローンの新しい基準によって、これまでの基準でも借りられた人々はもちろん借りることができる。さらに、この措置の目標は、白人よりも経済的な信用が低い、マイノリティや低所得者層でも家を持てるようにすることである」と報じた。[*2] ニューヨーク・タイムズ紙でさえ、この措置が抱えるリスクを理解していたのだ。同紙は次のように書いていた。

「ファニーメイは、住宅ローン貸付の新しい分野に進出することで大きなリスクを取ることになる。経済が順調なときにはそのリスクは顕在化せず、困難に直面することもない。しかし、経済が後退局面に入り、困難な状況に直面したら、政府からの補助で運営されているファニーメイは政府からの支援を受けるだろう。一九八〇年代に起こった、貯蓄貸付組合（savings and《セービングス・アンド・》 loan industry《ローン・インダストリー》）危機のときと似たような状況になるであろう」

ファニーメイとフレディマックは、より大きなリスクを抱えるようにさせられたのだ。

共和党の議員たちは、二つの公社に対して規制と監視を強化するように求めた。だがクリントン民主党政権は共和党の要求を撥《は》ねつけた。貧困層の味方である民主党は「共和党は〝手ごろな家を人々に〟という政策を攻撃する意図がある。それを隠して、二つの公社への懸念だけを喧伝している」と反論した。冷静な人々は、民主党がファニーメイへの調査をためらっているのは、何かほかに理由があるのではないかと疑っていた。その理由とは、ファニーメイは長年にわたり、有力な民主党員によって経営され、民主党に多額の献金をしていた。そのために、民主党はファニーメイを調査できないという噂だ。批判的な人々が言うようにファニーメイは、まさしく「民主党の貯金箱」(Democratic Party piggy bank)《デモクラティック・パーティ・ピギー・バンク》であった。クリントン政権の予算局長であったフランクリン・レインズは惜しまれつつその職を辞し、次はファニーメイのCEOとなった。彼のCEOとしての在職期間は大変短いものであった。一億ドル(約一〇〇億円)もの退職金と年金の権利を受け取った。

住宅バブルの崩壊を防ぐには、ファニーメイとフレディマックを廃止する、もしくは住宅ローンを市場の原理に基づく、政治に左右されない性質のものにするという方法があった。そして、いずれの方法も無理だとすると、二つの公社をしっかり監視する、という方法がバブル崩壊を防ぐための望ましい方策であった。なぜなら、ファニーメイとフレディマックの損失は、アメリカ国民全体を窮地に追いやるほどのものであったからだ。国民全体に不必要なリスクを負わせるほどの損失を抱えてしまう民間企業など存在しない。しかし、それが存在していたのだ。ニューヨーク・タイムズ紙は次のように報道している。

「民主党はファニーメイとフレディマックに対して規制を強化すると、低所得者層が住宅ローンを借りられなくなり、手ごろな家を人々に与えるという政策が遂行できなくなる。これは選挙に不利になる、と怯《おび》えていた」

二〇〇三年九月、マサチューセッツ州選出の民主党下院議員バーニー・フランクは次のように述べた。

「ファニーメイとフレディマックは財政上の危機になど直面してはいない。こうした危機感を煽る人が増えれば増えるほど、両公社に対しての風当たりが強くなる。それによって、家を持てる人の数が減少してしまう」*3

テキサス州選出の下院議員ロン・ポールは、フランク議員とは正反対の主張を述べた。ロン・ポールは二〇〇三年九月一〇日の下院金融特別委員会に証人として出席して、ファニーメイとフレディマックがアメリカ経済破綻の原因となる、と警告を発した。長くなるが、以下にロン・ポールの発言を引用しておこう。

ファニーメイとフレディマックは特権的な立場を享受しています。両公社は、その特権を利用して、住宅市場をめちゃくちゃに荒らしています。両公社には、多くの資本が集まります。それは本来、市場が健全に機能していたらありえないことなのです。その結果、資本は、本来投資されるべき生産性の高い分野ではなく、住宅市場に洪水のように流れ込みました。これによって住宅市場は健全性を失い、うまく機能しなくなりました。その結果、アメリカ人の生活水準は下がってしまいました。

政府が住宅市場に介入することで、経済に長期的なダメージを与えることになります。しかし、資本が他の分野に回るように意図的に仕向け、短期的には住宅関連の産業は好景気を享受する結果となりました。意図的に作られたバブル景気と同じで、住宅価格の高騰というバブル状態など、永遠に続きはしません。住宅価格が下落すれば、家の所有者たちは資産を吹き飛ばしてしまい、困難な状況に陥ってしまうのです。さらには住宅ローンの貸し手も、返済が滞ることで損失を出すことになります。これらの損失は、政府が住宅市場に資金が回るような政策を実行しなかった場合に発生する損失に比べ、膨大な額に及ぶことは間違いありません。

ロン・ポール下院議員

このような警告が他にもなされていたにもかかわらず、議会の民主党議員たちは、ファニーメイを監視の目から守り続けた。そして共和党もそれ以上何の対策の手も打たなかったのだ。

恐慌の犯人その2＝地域再投資法と貸付時の積極的差別是正措置《アファーマティヴ・アクション》

住宅ローン貸付基準を緩めるように圧力をかけた政府機関はファニーメイとフレディマックだけというわけではない。様々な政府機関が、貸し手側（民間銀行）に対し、「人種の平等の推進措置（ヒスパニックや黒人層への持ち家政策）」という美名の下に、リスクの高いローン貸付を行なうよう仕向けた。銀行などローンの貸し手たちは、裁判に訴えられて敗訴し、莫大な賠償金を取られるよりは、ということで、言われたとおり、有色人種層《マイノリティ》と低所得者層への貸付の基準を緩和した。

貸付における人種差別を告発するという動きが、貸付基準の緩和を促した。一九九二年、ボストン連邦準備銀行は、「マイノリティに対する貸付基準を緩和したとしても、マイノリティは白人に比べ貸付を受けられる率は低い」という調査結果を発表した。調査結果の内容をそのとおりだと信じたい人々から、ボストン連邦準備銀行の調査は賞賛をあびた。「調査結果が示しているとおり、アメリカの銀行は黒人やヒスパニックを差別している」と彼らは主張した。アジア系については何も語られなかった。なぜなら、アジア系は白人よりも高い利率で貸付を受けていたからだ。そして、リベラル派は、スラム街に住んでいる人たちも貸付が受けられるように、貸付の際の信用度を引き下げるように主張した。この調査はのちに正しくないことが分かり、データの誤りを是正しても、人種差別を示す証拠は何も見つからなかった。しかし、時すでに遅しだった。圧力団体は、貸付において人種差別があると攻撃し続け、一九九二年の調査結果を後生大事に掲げていた。

CRA、地域再投資法（Community Reinvestment Act《コミュニティ・リインヴェストメント・アクト》）はカーター政権下で成立した法律で、クリントン政権下で改正された。住宅バブル崩壊後、この法律に注目が集まり、多くの批判が寄せられるようになった。この法律は、銀行のマイノリティへの貸付数が当局の定める基準を下回った場合、人種差別だとして裁判に訴えることができる、という内容のものであった。

それでも、地域再投資法のせいだけでマイノリティへの貸付基準が引き下げられたわけではない。政治エリートたちの関与がそこにはあった。テキサス大学のスタン・リーボウィッツ教授は、一九九〇年から二〇〇六年にかけて発表された、住宅産業が発行したレポートなどの出版物を詳しく調査した。そして、リーボウィッツ教授は次のような調査結果を発表した。

「政府機関、議会、大統領、ファニーメイなどの政府援助法人、いずれもが貸付基準の引き下げを推進しようとした。民間銀行はその動きに同調し、やがて、自ら進んで貸付基準を引き下げた。銀行は今、貸付基準を引き下げたことを後悔している。この貸付基準の引き下げによって、住宅価格の上昇がストップした場合、多くの住宅ローンの債務不履行が発生することが予想されたのに、そのまま推進された[*4]」

一九九二年に貸付において人種差別があるという調査結果を発表した直後、ボストン連邦準備銀行は、人種差別にならない貸付方法についてまとめたマニュアルを発行した。そのマニュアルには「個人の信用度を〝恣《し》意《い》的で、かつ非合理的な方法で〟判定するような貸出基準を設けていると、マイノリティの顧客を惹《ひ》きつけることはできない」と書かれていた。それぞれの銀行に対して「〝恣意的かつ非合理的な方法で〟顧客の信用度を判定するのは悪いことですよ」とアドバイスをしたのだ。

お門違《かどちが》いも甚だしい。ボストン連邦銀行が発行したマニュアルの真意は、「マイノリティの顧客が一定以上の割合で貸付を受けられない場合、その銀行の貸付基準は恣意的かつ非合理的である」ということだ。マニュアルにはこのような、政治的な正しさの衣をまとった二重語法が満ちみちている。クレジット履歴《ヒストリー》、頭金、定収入について二重語法を使っているのだ。クレジット履歴、頭金、定収入などはそれまで、低所得者層が家を持とうとする際に障害になるものであった。それらに対する基準を引き下げようというのが、このマニュアルの狙いだった。[*5]

銀行が、政府が望むように行動したのは当然のことだった。リーボウィッツ教授は、「銀行は貸付基準を引き下げ始めた。基準を引き下げれば引き下げるほど、政治家、官僚、そしてファニーメイなどのGSEから賞賛を受けた」と述べている。[*6]

住宅ローン担保証券の下取りを積極的に行なっていた証券会社ベアー・スターンズ(Bear Stearns)は、信用度の低い個人に貸し付けられた住宅ローンの健全性を強調した。同社の主張の根拠は、ボストン連邦準備銀行の調査と同様、実体のないものであった。ベアー・スターンズ社のレポートでは、借り手の信用度は重要ではなくなったのだ。レポートは次のように書いている。「地域再投資法によって促進された個人への貸付は、とてもこれまでの信用基準では当てはまらないものばかりになった」[*7]と。だからそれまでの貸付基準が変更されてしまった。

住宅市場の崩壊を受けて、地域再投資法を支持した人々は、躍起になって、次のように主張するようになった。

「地域再投資法は、バンク・オブ・アメリカのような普通銀行にのみ適用される法律であった。従って、不健全な住宅ローン貸付は、普通銀行以外の金融機関、例えば、カントリーワイド社のような住宅ローン貸付専門会社で行なわれていたに過ぎない。地域再投資法に、住宅市場の崩壊の責任はない」と。

そうした人々は次の点を故意に言わないようにしている。ファニーメイ、フレディマック、連邦住宅都市開発省、連邦準備制度などの様々な機関や消費者信用機会均等法のような法律が、アメリカ国内すべての金融機関に対して、破滅的な結果をもたらした貸付基準の引き下げを行なうように圧力をかけた。そして、「地域再投資法が住宅ローンを扱うすべての金融機関に適用されます」と公示することで、銀行などが裁判に訴えられるリスクを判断し、貸付基準を下げる結果になったのだ。

第一次ビル・クリントン政権のHUD《エイチユーディ》（連邦住宅都市開発省）長官であったヘンリー・シスネロスは、長官の地位にあるときに、貸付基準の引き下げを行なった。また、彼は、民間企業に移った後にも貸付基準の引き下げを推進した。シスネロスは、政府と民間において、それまでの基準では住宅ローンを借りられなかった人々が家を持てるようにした。シスネロスは、不動産開発業者になった。彼はKBホーム社という住宅販売会社の取締役に迎えられた。そして、サンアントニオ市のラゴビスタ地区に、四二八戸もの低所得者層向けの住宅を建設した。[*8]

シスネロスがどんなに素晴らしい考えを持っていたとしても、「家を持つべきではない人々までが家を持てるようにした」ということは、紛れもない事実である。シスネロスの政治信条に肯定的であったニューヨーク・タイムズ紙は、次のように書いた。

シスネロスは、準備ができていない人々も家が買えるようにした。このことが現在の経済危機の原因のひとつなのは確かだ。シスネロスは、今回の経済危機発生における自身の責任について語っている。「住宅ローンは中産階級が家を持てるようにするための制度であったが、私はそれをすっかり変容させた。人々が住宅ローンを借りられなくなり、家を持てないようにする原因を私は作ってしまった。私は、私の失敗の原因をすべて調べられ、責任を問われるだろうが、今はそれを望んでいる」と述べた。彼の表情には困惑と憂慮の影があった。

シスネロスは、人々に奉仕するために、政府の役割を大きくするべきだと考える人々の典型である。彼らは、市場を監視することで人々を自由市場の失敗から守ることができ、「自由市場資本主義」がより規制されれば、未来に希望が持てる、と考えていた。全ての人が家を持てるようにしたい、という政府の野望を体現したのがシスネロスであった。彼は貸付基準を引き下げ、それまでなら借りられなかった人々にも住宅ローンを借りられるようにすることで、その野望を実現しようとした。

しかし、シスネロスは民間企業に移ってからも、住宅ローン市場の危険性に警告を発さなかったし、サブプライムローンの拡大を防ごうともしなかった。彼の会社アメリカン・シティ・ビスタ社は、KBホーム社と提携していた。シスネロスはKBホーム社の取締役として、ジェームズ・A・ジョンソンと共に働いていた。ジョンソンは、ファニーメイのCEOであった。ファニーメイは、KBホーム社とシティビスタ社の建設した低所得層向け住宅を買った人々の住宅ローン債権の多くを買い上げていた。ファニーメイの最大の顧客は、カントリーワイド社であった。シスネロスは、カントリーワイド社の取締役も務めていたので、同社がサブプライムローン契約を増やしていくことに何の反対もしなかった。シスネロスがサブプライムローンの拡大を支持していたのは間違いのない事実である。

それでは次に、シスネロスの「家を持つ人々の数を増やそう」という野心的な計画がどのように推進されたのかを見ていこう。

ビクター・ラミレスは、二〇〇二年にサンアントニオ市のラゴビスタ地区に家を購入した。彼はニューヨーク・タイムズ紙の取材に次のように答えている。

「私は当時学生で、年収は一万七〇〇〇ドル（約一七〇万円）でした。妻は失業中でした。住宅ローンの貸出基準が昔のままだったら、私たち夫婦が住宅ローンを借りるなんてできなかったでしょうね。この地区に家を買った人たちは、他の人たちに住宅ローンなんて簡単に借りられる、と宣伝するためにお先棒を担いだのです。住宅ローンを借りるときはこんな感じでしたよ。ここと、ここにサインしてください、細かい部分は読まなくていいですからってね」

ラミレスは続けて次のように語った。

「人々がただ騙《だま》されていた、とは私は言いたくありませんね。だって、彼らは進んで被害者になったのですから」

もし人々が、馬鹿げたホーム・エクイティ・ローン〔Home Equity Loan, 訳者註：アメリカの住宅ローンはホーム・エクイティ・ローンである。ホーム・エクィティとは、住宅の正味価値のことで、上昇した住宅の市場価値からローン負債を引いた価値を限度としてさらにもう一軒、家やアパートを買い次のローンが組まれる。しかし住宅の正味価値が下がれば、たとえ家を売っても増えた借金だけが残る。住宅ローンの借り手は返済不能に陥り、不良債権化する。ホーム・エクィティ・ローンは住宅価値が上がり続けることを前提とした住宅ローンである〕などを借りないように「規制」が強化されていたとしても、その効果は疑わしいものだった、とシスネロスは述懐している。「三億の人間が住むこのアメリカで、人々が不動産バブルに熱狂していたら、規制の強化などできるわけがない」とシスネロスは述べている。もし、規制が必要だというなら、規制されるべきは、連邦準備制度の信用創造機能（credit creation powers《クレジット・クリエイション・パワーズ》）である。信用創造によって貨幣供給量が増加して、バブル経済が発生するのだ。これは住宅バブルでも同じ構造だった。しかし、残念なことにシスネロスは、ニューヨーク・タイムズ紙のインタビューで、ルール通りの行動を取った。そのルールとは、「連邦準備制度には言及しない」というものだ。

クリントン政権でやはり住宅都市開発省長官を務めたアンドリュー・クオモは在任当時、アキュバンク・モーゲッジ社が「積極的差別是正措置（affirmative action《アファーマティヴ・アクション》）」〔訳者註：差別表現を禁止する法令〕に基づいた貸付業務を行なうと発表したのを受け、アキュバンク・モーゲッジ社との間での「人種差別的な貸付」に関する係争が解決したとして、次のように述べた。

「アキュバンク・モーゲッジ社が低所得者向けの住宅ローンを貸し付けることで、大きなリスクを抱えることになる。その通りだ。今までなら住宅ローンを借りられなかった人々に貸すようになる。その通りだ。彼らに対しての基準は、積極的人種差別是正措置に基づいたものだ。これもその通りだ。二一億ドル（約二一〇〇億円）分を住宅ローンとして貸し出すのは、リスクが高いことである。確かに銀行の他の資産に比べ、これらの住宅ローンは債務不履行になる可能性が高い。そんなことは分かっている」

クオモ長官は、この銀行を債務不履行の危機に直面させて喜んでいたのだ。これは問題ではないだろうか。

リベラル派の人々は次のように主張する。「ずる賢い銀行が、教育水準の低い哀れな人たちに、小さな字で書かれた、分かりにくい契約書を使って、サブプライムローンを半ば強制的に貸し付けたのだ」と。保守派の人々は「政府の圧力によって、銀行はサブプライムローンを貸し付けざるをえなかったのだ」と主張する。

リベラル派の主張を裏付ける実例は山ほどある。前述のヘンリー・シスネロスの体験談はまさにその好例だ。

一方、保守派の主張にも裏付けがある。ACORN（改革を目指す地域連合）のような左翼グループは、ある銀行の入口を封鎖し、業務不能にした。その銀行は謝罪し低所得者向けに多額の貸付を行なうと約束することで封鎖を解かれた。民間金融機関の間に蔓延した「人種差別的だと攻撃されてしまう」という不安感や恐怖感を煽ることで、低所得者層向けの低い貸付基準という政府の政策目標が達成された。こうして不良貸付が増えることで、連邦準備制度が刷り散らした金《マネー》が住宅市場に流れることになった。それによって、住宅バブルが発生したのだ（連邦準備制度による金《マネー》〔お札〕の刷り散らしについては後述する）。

恐慌の犯人その3＝政府の誘導による投機

住宅ローン担保証券の暴落に端を発した金融溶解《メルトダウン》について、サブプライムローンだけが語られ、強調されることが多かった。これまでの厳しい貸付基準が放棄されたのは、前述したとおりアメリカ政府の政策目標、「持ち家世帯を増やす」が背景にあったからだ。そして、マイノリティ向けに「頭金なしの一〇〇％住宅ローン」のような新商品が発表され、住宅ローンの主力商品となった。連邦準備制度はお礼を刷り散らすことで、これを支えた。低所得者層、中産階級向けの貸付基準の緩和は一〇年にわたって拡大を続け、制度として定着するようになった。この引き下げられた貸付基準は、高所得者層にも適用されることになった。リーボウィッツ教授は次のように書いている。

「貸付基準を引き下げる、という考えが人々に受け入れられてしまった。そうなった後で、この引き下げられた貸付基準は高所得者層には適用されないだろう、と考えるのは甘いと言わざるをえない。誰もが貸付基準の引き下げを称賛しているのに、それが選ばれた人にしか適用されない、などということになるはずがない[*9]」

住宅ローンの貸付基準が緩和されたことによって、投機家たちも住宅ローンが借りやすくなった。それればかりではない。ローンが借りやすくなったことで住宅需要が急増し、住宅価格はさらに上昇した。価格の上昇に誘われて、住宅市場に投機家たちがこぞって参入するようになった。住宅価格の上昇には、連邦準備制度が意図的に低く設定した金利も原因となっている。このことは後述する。

サブプライムローン（低所得者向けの住宅ローン）とプライムローン（健全なふつうの住宅ローン）の借り手たちの間で、同時期に、差し押さえ件数が急増していることが明らかになった。このことから、新聞が報道しているように「サブプライムローンが、プライムローンに悪影響を与えた」というのは事実ではないことが分かった。二〇〇六年から二〇〇七年にかけて、プライムローンにおける差し押さえ件数の方が、サブプライムローンの差し押さえ件数に比べ、増加していた。もちろん絶対数でいえば、サブプライムローンの差し押さえ数の方が多い。それは当たり前のことで、そうした危険があるからこそ、サブプライムローンの金利は高く設定されていたのだ。

差し押さえ（foreclosures《フォークロージャー》）数の増加は、サブプライムローンだけではなく、変動金利ローンによって発生したものだ。これは、アラン・グリーンスパン連邦準備制度理事会前議長が人々に薦めたものだ。この変動金利はサブプライムローンにも、プライムローンにも組み込まれている。変動金利ローンは、最初の数年間は金利は低く設定され、固定されている。これによって、多くの人々が得だと思って変動金利ローンを選ぶ。だが最初の数年間が過ぎると、経済状況によって金利が変動するしくみになっている。そのときの経済状況で、金利は上昇するかもしれないし、低下するかもしれない。金利の変動が激しい経済状況下では、変動金利ローンは望ましい商品である。なぜなら、借り手も貸し手も経済の先行きがどうなるか分からないからだ。貸し手は、変動の激しい経済状況下では変動金利ローンを借り手に薦め、リスクを借り手と分担しようとする。

プライムローンに占める変動金利ローンの割合の方が、サブプライムローンに比べて多かったことが分かっている。サブプライムローンが問題の元凶だと言われているが、実際はそうではない。プライムローンの返済不履行による差し押さえ数は増加していた。だから「住宅ローン危機は、ずる賢い銀行が、契約内容を理解できない、かわいそうな人々を騙して貸し付けたのが原因だ」という神話が事実に基づかないことが明らかになる。もし銀行が人々を騙したというのなら、契約内容をきちんと理解できる知識を持つはずのプライムローンの借り手たちが、サブプライムローンの借り手たちよりも騙されやすかった、そういうことになる。そんなことがあるだろうか?

データからは差し押さえ数が増加していることが分かる。その理由としては住宅を投機(speculation)《スペキュレーション》目的で購入した人々の差し押さえが増加していることが挙げられる。彼らは、住宅価格が上昇を続ける方に賭けて、そして負けてしまったのだ。彼らは住宅を「短期で転売(flipped)《フリップド》」する人々であった。住宅を複数購入し、リフォームなどを施し、購入時よりも高い値段で売却していた。住宅を購入し、しばらくそのまま保有し、その間に住宅価格が上昇するのを待って転売し、利益を得る人々もいた。ここ数年間の住宅購入数の約四分の一が投機目的であったと推定されている。こうした投機的な住宅売買を行なう人々にとって、変動金利ローンは魅力的だった。なぜなら、その前の低い固定金利の期間中に、彼らは家を売却して利益を得ていたからだ。

住宅価格の下落は当初、小さなものだった。二〇〇六年末からの半年間で、一・四％下落しただけだった。それでも差し押さえ件数は急増した。同時期の差し押さえ件数は四三％の上昇となっている。差し押さえ件数だけが突出して、しかも突然増加したのは、投機的な住宅購入をしていた人々が増加していたからだ。彼らは頭金なしの変動金利ローンを借りて住宅を購入し、買った時点よりも高い値段で売却していた。だが住宅価格が下落局面に転じると、利益が出ないということが分かり、投機を行なっていた人々は夜逃げするようになった。頭金を支払っていなかったので、住宅を見切り、夜逃げしやすかったのだ。[*10]

この住宅価格の急落によって、もう一人の犯人があぶり出された。それは、住宅ローンの信用度を判定する民間格付け会社(rating companies)《レイティング・カンパニーズ》である。格付け会社はどうして変動金利住宅ローンの危険性を判定できなかったのか？　連邦準備制度の低金利政策によって、住宅価格は上昇を続けた。そのため変動金利ローンはきちんと返済され、焦げ付きは少なかった。格付け会社は表面的な数字だけを見て、住宅ローンの信用度を高く判定した。

また、次の説明も成り立つ。すべての金融機関は政府の意向に従って経営をしていた。住宅とは直接関係ない政府機関も住宅ローン保有率を上昇させようと、貸付基準の緩和を推進していた。[*11]経済学者のアート・カーデンは次のように書いている。「SEC《エスイーシー》証券取引委員会の規制は、格付け会社にとって、危機を警告してくれるものであった。それでも格付け会社は、政治的に人気のある政策に反対しないし、政府から睨《にら》まれないように行動した」[*12]。

認可を受けたいくつかの格付け会社は、証券取引委員会主導のカルテルを結成し、規制によって競争からも守られていた。リーボウィッツ教授は次のように書いている。「政府から認可を受けていた格付け会社は、自由競争から守られていた。だから格付け会社は住宅ローンに低い格付けをし、自分たちの既得権益を危険に晒すことで政治的な軋轢《あつれき》を生み出すのを恐れていた、という主張はおかしいことになる」[*13]

格付け会社のカルテルにこそ、今回の経済危機の責任がある。同時に、これから見ていくように、連邦準備制度が経済に介入したことも経済危機を引き起こした。連邦準備制度の介入によって、経済の実態を示すはずの指標はめちゃくちゃにされ、格付け会社を含め、経済の実態をつかむことが困難になったのだ。連邦準備制度については後述する。

恐慌の犯人その4＝住宅取得優遇税制

連邦政府、州政府、地方自治体はそれぞれ、いろいろの階層の人々の住宅取得を促進するプログラムを創設した。こうしたプログラムは、政府の思惑通りに、住宅部門により多くの金が流れる結果となった。住宅開発業者たちは、補助金、無料の土地、住宅建設に対しての優遇税制を享受していた。そして、当時、誰も家など買いたくないと思うほどの辺鄙《へんぴ》な土地でさえも住宅地として開発された。

税制が優遇政策の最も顕著な例であった。連邦政府は、もちろん例外はあるが、平均的な労働者の収入の三五％を税金として徴収している。この数字には、年金と医療保険が入っている。個人退職年金勘定や４０１Ｋ（確定拠出型年金制度）を通じて株式市場へ投資することで、税金の控除を受けることができる。民間の健康保険に雇用主を通じて加入すると、その保険料は税金の控除の対象となる。アメリカの家庭にとって最大の控除は、住宅ローンの金利である。住宅を借りている人やローンを借りずに住宅を購入した人たちは、住宅にかかるコストを税金控除の対象にすることはできない。連邦政府は、人々に住宅を借りるよりも買うように、かつできるだけ住宅ローンを借りて買うよう誘因を与えている。

連邦政府の制度と似たような制度を州政府や地方自治体も作っている。例えば、ワシントン市内に初めて家を購入した人は、五〇〇〇ドル（約五〇万円）の税金控除を受けられる。住宅を投資の対象として購入するとさらに控除を受けることができる。また、株式やビジネスに五〇万ドル（約五〇〇〇万円）を投資し、一〇年後に一〇〇万ドル（約一億円）で売却した場合、キャピタルゲイン課税が課される。その税率は二〇〇八年で一五％である。だが一九九七年に成立した法律では、この資金で五〇万ドルの住宅を購入し、それを一〇〇万ドルで売却した場合、キャピタルゲイン課税は課されないのである。

何も、こうした税金の優遇や控除を廃止すべきだと、私は言いたいのではない。「税金控除」は拡大されるべき「自由の源泉」である。塞《ふさ》がれるべき抜け穴ではない。私は、税金控除はあらゆる投資や購入に適用されるべきだと考えている。だから政府の政策による、経済の特定の分野に対しての刺激策として使われないようにすべきだ。

恐慌の犯人その5＝連邦準備制度と意図的な低金利

ここまで見てきたが、今まで取り上げてきた要因だけで、住宅バブルとその崩壊の深刻さを説明することはできない。住宅バブルとその崩壊を理解するには、「どうして景気循環が起きるのか」をまず理解する必要がある。一般的には「好況と不況はただ偶然に発生するものなので、政府にも中央銀行にもどうしようもできない。だから彼らに責任はない」とされている。

第四章で詳しく見ていくが、オーストリア学派の経済学者たちは、「景気循環がどのようにして発生するのか」を見事に説明している。特に、政府が通貨供給量と金利を操作して、その結果、持続不可能なバブル景気が発生し、それがはじけて終焉を迎えるまでを詳しく解明している。

連邦準備制度が、通貨供給量を増加させることで金利を下げている局面では、製造に長期間かかる生産品の市場にバブルが発生する。石油などの資源、建設、そして資本財がそれだ。この一〇年間の建設業と不動産業におけるバブル景気は、まさに政府の低金利が生み出したものである。消費者需要によって喚起された生産の上昇とは異なり、政府の誘導による需要喚起は、消費者の動向やそのときの貯蓄の状態を反映したものではない。政府の誘導による需要喚起は、消費者需要を反映している分野へ資金が流れず、持続が困難な分野に資金が流れるようにしてしまう。すべての産業に資金を供給するのは不可能だ。私たちの家計でいえば、貯蓄と消費、その両方に十分な資金を供給することなどできない。

住宅市場について考えてみよう。住宅市場に資金が流れ、好況になるためには、五〇万ドルぐらいの住宅が飛ぶように売れればよい。が、そんなわけにはいかない。そこで政府の誘導によって住宅市場に資金が流れるようにした。当然、住宅価格は上昇する。もとは安かった住宅が五〇万ドルで売買されるようになる。住宅バブルが発生したのだ！

連邦準備制度は、金利の引き下げ効果を狙って銀行への通貨供給量を増加させる。二〇〇一年九月一一日の同時多発テロの発生以降、連邦準備制度理事会議長アラン・グリーンスパンは続けざまの数回の金利引き下げで経済のてこ入れをした。また、グリーンスパンはＦＦレート（銀行間の短期の資金の貸し借りをする際の金利で、他の金利に影響を与える）を二〇〇三年七月から二〇〇四年七月までの一年間、一％に据え置く決定をした。その結果として、通貨供給量は劇的に増加し、二〇〇〇年から二〇〇七年までに発行されたドル通貨量は、それまでのアメリカの歴史で発行されたドル通貨量の総額を上回った。

　こうして創造された通貨と信用が住宅市場へと大量に流れ込んだのだ。政府主導で緩和された貸付基準によって住宅購入数が増え、それにつれて投機的な住宅購入も増大した。住宅への投資は儲かると、アメリカ人の多くが思ったのだ。連邦準備制度はさらに、ファニーメイ、ジニーメイ（Ginnie Mae, 連邦政府抵当金庫 Government National Mortgage Association）、フレディマックなどのＧＳＥと住宅都市開発省に対し、住宅市場への資金の流れがこれまでになく活発になるような政策を実行するように促した。既に貸付基準は緩和されていたが、それに加えて、独占的な特権と半官半民の立場を享受していたファニーメイとフレディマックを通じて、連邦準備制度が発行した金《かね》が、住宅市場に流れた。

　住宅市場のバブルを作り出した張本人は連邦準備制度である。新しく創造された金が、住宅価格の不自然な上昇を促進する最大の刺激となったのだ。

　政治家やメディアは投機家を非難しているが、投機そのものは何も悪いことではない。真に

ＦＲＢ前議長アラン・グリーンスパン

自由な市場では、不動産、資源、株式などに対する投機が、重要な社会的役割を果たし、経済をより効率的なものに変える。投機は、需要と供給の調整のスピードを高めることができるからだ。それに対して金融緩和政策は、思慮の足りない、準備不足の投資家たちを市場に招き入れてしまう。そして人々に、「投資は損をしないものだ」という誤った考えを持たせてしまう。低金利によって、それまで投資などしてこなかった人々が投資に参加するようになった。彼らには市場に関する知識など全くないのである。彼らにすれば、投資とは「手っとり早く金を儲ける手段」に過ぎないのである。

連邦準備制度が金融を緩和することによって、貸付基準の緩和が促進された。新しい法律や規制など作る必要はなかった。銀行が連邦準備制度によって創造された金を誰かに貸し付けようとする場合、それまでは貸付基準ではねられていた人々に貸し付けるしかなかった。

それはまるで、あるバスケットボールのチームで、ベンチ入りの選手数が変更になって、それまで解雇されていた選手がベンチに入ることができるようになったようなものだ。[*14] 価格上昇と好景気の中で、通常の場合でも行なわれる健全なプロジェクトと、政府によって金利が低いままに保たれているうちは継続される、バブル景気によるプロジェクトの区別をするのが困難になる。

こうした状況は昔も発生していた。学者たちは、アメリカの歴史においてバブル経済は何回も発生してきた、と述べている。一九一四年から一九二〇年にかけてのアメリカは、資本が流入することで好景気となった。このときもバブル景気であったと言えるだろう。過度の楽観主義、リスクを進んで取ろうとする態度、政府による投機刺激策などは全く同じである。

フレッド・ガーロックは一九二六年、アイオワ州経済についての論文をジャーナル・オブ・ランド・アンド・パブリック・ユーティリティ・エコノミクス誌に寄稿した。その中で次のように書いている。「銀行家も消費者も慎重さを捨て去ってしまった。投機が活発になり、負債額は小さくなり、経済全体が浪費に狂ってしまっている」と。彼はアイオワ州経済がどのようになっているかを次のように書いている。長くなるが引用する。

モノの価格上昇は、銀行と消費者、両方に影響を与えている。両者はこれまでの経験から得た判断基準をなくしてしまうほどの楽観主義に陥り、浪費と投機が蔓延している。消費者が製品でも土地でもとにかく何かを購入する。それを売却したら、大きな利益を出すことができる。農民は何を栽培しても、大きな利益を上げている。何を栽培したらよいのか分からないような農民でさえ、利益をあげ、抱えていた借金を返済している。上昇し続ける物価、銀行による限度を超えた融資、政府による戦争債券の販売などによって、借金するのは悪いことではない、という考えをアメリカ人の多くが持つようになるのに時間はかからなかった。確かに、利益を生み出す金融商品は数多く存在するのだが……。

　こうした状況下で、金融業は膨張し、山師たちが市場に入り込み、浪費が節約に取って代わった。銀行家たちは、これまでの信用判断の基準が古臭いものだと考えるようになった。なぜなら、時間とともに、モノの値段も価値も上がっていくからだ。従って投機熱はどんどん続き、銀行への資金供給の要求も大きくなっていき、どんな無信用の人々にも担保なしで金が貸し付けられるようになった。過度の資金供給が当たり前になった。高収益を上げてはいるが怪しい事業を行なっている山師たちに信頼が寄せられた。土地への投機に多くの資金が流れた。誰かに金を貸すために資金を借りるという行動がまかり通った。預金が増加している状況では、上記のようなおかしなことをしていても、銀行は痛くも痒《かゆ》くもなかった。[*15]

　ガーロックが示したシナリオは現在の状況と酷似している。同じような不動産バブルは、アメリカの景気循環の歴史において何回も発生しているのだ。これはまた、政府による銀行与信《よしん》拡大の歴史でもある。一八一九年の経済パニックがその最初だった。同じようなことが二〇〇八年と二〇〇九年にも起こったのである。

「より広範な規制」が最善策なのだろうか

金融の「規制緩和」をしたので経済の溶解《メルトダウン》を招いたのだと言われている。バラク・オバマは、二〇〇八年の大統領選挙期間中、ブッシュ政権の金融緩和策を「一枚一枚服を脱いでいくストリップのように規制を緩和していった」と非難した。次の章では、金融の規制緩和についてを見ていく。ここではまず、次の点を指摘しておきたい。

住宅市場に関して言えば、「銀行など資金の貸し手は連邦政府と中央政府が望むことを、その通りにやっただけのことだ」と言い訳する。より厳しい政府の監視が必要だとの主張は当を得ていない。貸付数を増大し、それに伴って債務不履行数が増加する危険性が高くなっていた。それこそが連邦政府が望んだことだった。連邦政府内では、それまであった貸付基準を廃止し、より危険が高い基準を採用するべきだという意見が大勢を占めていた。それはなぜか？　それはアメリカン・ドリームを、もっと多くの人々に掴んでもらうためだった。

そういう主張をし、推進したのは民主党だけではなかった。二〇〇四年、当時のブッシュ大統領は住宅都市開発省に対し、これから貸し出される一五万件の住宅ローンの貸出条件から頭金を外すように命じた。ブッシュ大統領は次のように宣言した。「持ち家率の高い社会を実現するために、政府は、より多くのアメリカ人が家を買えるように手助けする。アメリカ国民の中には、頭金となるほどのまとまったお金は持っていないが、月々の返済ならできる人々がたくさんいるからだ」[*16]

頭金には返済不能に陥るリスクを小さくする機能がある。ところがその頭金をなくしてしまえ、と大統領が言ってしまったのだ。従って、貸付基準の引き下げは大統領の認可を得たということになった。

私たちは、政治、学界、メディア、各界のエリートたちに堂々と反対意見を述べることができるほどの人物を、あのとき規制を強化する立場に就けられただろうか？　そんな考えの人物が、エリートたちの望まない規制強化をすることができただろうか？

高い地位にある人々は、「金融システムの健全性」を強調していた。高い地位にあることで、彼らの発言は権威を持つことになる。グリーンスパンの後任のベン・バーナンキＦＲＢ議長は、政府当局が住宅ローン市場を精査した結果、システムは順調に機能しており、何の心配もないと言っていた。バーナンキは次のように述べている。「調査官たちの報告によると、現在の貸付基準は健全であり、二〇年前に発生した貯蓄貸付組合危機の発生前とは状況が違う。不動産評価の方法はかなり改善されている」[*17]

二〇〇四年、連邦準備制度に勤務していた経済学者二人が、「今の状況は住宅バブルではない」という報告書を発表した。[*18] グリーンスパンＦＲＢ前議長は、変動金利ローンを積極的に利用するよう借り手に促した。あの時期には、変動金利によって住宅購入数が増えるとともに、既に返済不能件数も増えていた。二〇〇三年の段階でグリーンスパンは、「住宅価格がこのまま急激に上昇し続けるとは私は予測していない。住宅バブルなど発生していない」と述べていた。彼はまた、上院の金融委員会に出席して、次のようにも述べている。「全国規模でのバブル崩壊とそれに伴う住宅価格の下落は起きていない」[*19]と。

ベン・バーナンキＦＲＢ議長

私たちオーストリア学派に属する経済学者とその他少数の学者たちは、そのときの状況は住宅バブルであり、バブルの崩壊は避けられず、そのダメージは大きいものとなる、と指摘していた。私たちを除けば、誰も経済に健全性を求めず、警告を発しなかった。誰も不動産価格がこれほど全米で一斉に下落することなど予想できなかった。それは「不動産市場は各地域ごとのもので、全米規模での動きにはならない」という、常識に反した考えだったからだ。

いくつかの大手金融機関は、住宅ブームは実体のあるもので、ただのバブル景気ではないという前提で行動していた。こうした金融機関の行動は、住宅ブームがバブルであれば、リスクも大きいものであった。しかし、連邦準備制度に属する経済学者たちが、住宅ブームはバブルではない、と明確に主張していた。連邦準備制度は「住宅ブームは実体のあるもので、バブルではない」として民間金融機関をリスクに晒《さら》していた。金融機関を規制し、取り締まる立場にある者たちが、どうして、「住宅ブームはバブルではない」などと、どんな根拠があって断言できたのか？

大手金融機関のバランスシートをチェックする政府機関もまた、経済状況によって、自分たちの財政状況が左右されるのだ。政府機関が、きちんとリスクを測定し状況を正確に理解できていたなら、私たち国民は、経済恐慌の原因を今ごろになって探るのではなく、事前に経済危機に対処するだけでよかったはずだ。しかし、そんなことは奇跡でも起きない限り、不可能なことであった。

連邦準備制度が自分が望むだけの通貨を供給し、金利を破滅的なレベルにまで低く固定する限り、バブル景気はいつでもどこでも発生する。バブル景気とは、連邦準備制度が過度に金利を低く固定するために不健全な利益が出る経済状況のことを言うのだ。住宅ローン市場と金融機関が連邦準備制度によってめちゃくちゃにされないとしても、そのせいで別の部門がめちゃくちゃにされてしまうのだ。

恐慌の犯人その6＝「大きすぎて潰せない」という迷信

金融市場の参加者たちは、自分たちは大損しないし、いざとなればアメリカ国民が税金を使って自分たちの被った損失を穴埋めしてくれる、という妙な自信を持って活動してきた。アラン・グリーンスパンは、投資家たちの間で、〝ミスター・ベイルアウト（ミスター政府救済）〟という評判を確立していた。グリーンスパンは一九九四年に、メキシコの通貨ペソが危機的状況に陥った際にも救済策を実行した。一九九八年にはヘッジファンドのロングターム・キャピタル・マネジメントの苦境を救うために特別に利下げを実施した。二〇〇一年九月一一日の同時多発テロ以降は、銀行にふんだんに資金を供給するという多くの施策を実行した。

経済学者のアントニー・ミューラーは、「グリーンスパンが議長になった一九八七年以降、救済を行なうことが連邦準備制度の哲学となった」と述べている。ミューラーの論文から引用する。

アラン・グリーンスパンが議長に就任以来、アメリカの金融市場は、半ば政府の管理下に置かれたような状況になった。政府管理とは、中央銀行が市場の主な参加者たちを破産から守るということである。従って、市場参加者たちは取引が成功すれば、大きな利益と市場からの分配を得ることができる。失敗しても政府当局がとりあえず救ってくれるということになる。通貨当局はいつでも経済の後退局面を避けようとし、そのたびに市場に資金を供給し続ける。好況は永久に続くのだという信念が多くの人々の間に広まる。そして経済活動は活発化する。好景気が続き、慎重さが失われ、新しいタイプの企業家が出現した。[*20]

経済評論家たちは、グリーンスパンの姿勢を〝グリーンスパン・プット（Greenspan put）〟と呼んだ〔訳者註：「プット・オプション」もしくは「プット」は、金融の先物市場において売り手にあらかじめ決められた値段で資産を売却する権利を与えるという意味。〝グリーンスパン・プット〟という用語は、このプットから生まれた。ここで使われている「プット」はそのままの意味で使われている。グリーンスパンと連邦準備制度は、必要とあれば、価値の下がった資産を政府が買い上げるということから、「グリーンスパン・プット」とは、グリーンスパンが資産の価値を下支えする、という意味になる〕。

この考えを、フィナンシャル・タイムズ紙は次のように分かりやすく解説した。「市場が失敗したら、連邦準備制度とアラン・グリーンスパン議長に頼ろう。彼らが助けてくれる」

二〇〇〇年三月のITバブルの崩壊後、ニューヨーク・タイムズ紙は、募る懸念を次のように報じた。

「グリーンスパン・プットが経済に注入されようとしている。これは経済に大きなダメージを与える。投資家たちが大変なリスクを抱えた投機をしようとするからだ。彼らは、もし状況が悪くなっても連邦準備制度が助けてくれると考えて、投機を行なっている」

金融コンサルタントのマイケル・ベルカンは次のように述べている。「ITバブルへの馬鹿げた投資を私たちは目の当たりにした。資本の無駄遣い、貸出超過は、ここ数年の連邦準備制度の貸付基準の緩和によって進められた[*21]」

大企業、大手金融機関を破産させて、システムを変えるようにすべきだ。私たちは、大手金融機関を潰すことなどできない、と頑迷《がんめい》に信じ込んでしまっているが、そんなことはない。一度、システムを大きく変更すべきだ。そして、大企業に対して政府による救済をせず、人々から救済のための金を奪わないようにすべきだ。そうすることで、金融部門が責任を感じて思慮深くそして慎重さを持って経営するようになるからだ。そうすれば、不必要な規制などすることもない。

果たしてどんな未来が待ち受けているのか

連邦議会、ブッシュ政権、そしてオバマ政権はありとあらゆる政策を実施した。しかし、大事なことを実施しなかった。それは、「市場に自然な形で住宅価格を決めさせる」ということである。

二〇〇八年一一月、ファニーメイとフレディマックは、「住宅保有者たちが差し押さえにあわないように緊急救済策を実施する」と発表した。次に挙げる条件に合致すれば、住宅保有者は、「元本を減らす」「金利を減らす」「支払いの猶予を延長する」などの支援を受けることができるとするものだった。救済のための条件とは、「九〇日間住宅ローンが払えない」「資産に占める負債の割合が高い住宅ローンをファニーメイやフレディマックが所有もしくは保証している」、そして、「住宅価格の九〇%を銀行から借りている」というものだ。言い換えれば、自分の購買力よりも値段の高い住宅を買い、過大に住宅ローンを借りて、その一部を消費財の購入にまで使い、返済を滞らせたら政府が救済策を考えてくれるということだ。住宅ローンの借り換え資金の一部を使って高級車を購入した人々が多数いた。ファニーメイとフレディマックの救済策の実施によって、こうした人々は、高級車を売って住宅ローンの返済に充てることもなく、返済を猶予され、家も高級車もそのまま自分の所有物にできたのである。

一方で、もし責任をもって行動し、自分で買えるだけの小さな住宅を買っていたら、住宅ローンの一部を贅沢品の購入に充てることもできず、政府の救済策の対象にはならなかった。アメリカの納税者たちは、馬鹿で無分別な人々を、補助金を出し合って助けているのだ。

ファニーメイとフレディマックは、「住宅ローンの返済額の上限を世帯収入の三八％までとする」という救済策を実行した。住宅ローンの返済期間、もしくは住宅の売却時のローンの総額が、借り手が返済可能な額になるよう、元本を減らすことまでも実施された。従って、救済策の目的は、人々が差し押さえにあわないようにすることと、住宅を売却せずに済むようにすることだった。間接的には、住宅価格の下落を防ぐこと、差し押さえられた住宅が市場に溢れ出てこないようにするのが目的だった。

ファニーメイとフレディマックがどうせ救済してくれると考えて、人々が住宅ローンの返済をストップしてしまうのも当然だ。確かに、ファニーメイとフレディマックがそうした人々に、金利の引き下げ、元本の削減、月々の返済額の削減を保証していたのだから。

夫婦で住宅を購入していた場合、どちらか一方が働くのをやめるというケースまで出てきた。世帯の総収入を下げて、月々の返済額を減らそうとしたからである。返済額が決定すると、離職中の配偶者は再度働きに出る。住宅保有者たちはわざと最低賃金の仕事に就いたり、月給を減らしてくれるように雇用主に求めた。それは、住宅ローンの返済額の上限が収入の三八％に制限されたからだ。ローン金利を低くしてもらうために、返せるはずの住宅ローンを返さない人々がいる。それだと金融機関への信用は無くなってしまう。それでもなお住宅ローンの不払いを選択する人々は多い。それは、家を差し押さえされるよりは住宅ローンの不払いの方が、金融機関への信用という点では、まだましだからである。

二〇〇八年一二月、財務省内では、住宅ローンの金利を一律で四・五％に引き下げるための様々な方策を取るべきだという提案が話し合われた〔訳者註：住宅ローン金利は、信用不足のため一〇％を超えているものが多かった〕。それは、金利の引き下げによって住宅取得を容易にするためだった。いつものように政府は、「政府による意図的な金利の引き下げによって問題は解決する。そして、希少性に起因する問題を取り除くことができる」と私たちに約束した。もちろん、住宅価格を下げることによって、住宅は買いやすくはなる。大きな借金をしなくても家を買えるようになる。政府は、無謀にも現実との戦いを進め、市場が機能して自然に価値が決まることに対してそれに逆らって戦いを挑むと決めたのだ。

そしていつもの通り、問題の元凶となった政策そのものを、今度は解決策として実行するようになった。グリーンスパンは二〇〇八年の一年間、短期金利（政策誘導金利）を一％という低水準にまで引き下げ続けた。この低金利によって住宅バブルが発生し、バブルの後に不可避に起きるバブル崩壊の痛みを人々は味わうことになった。二〇〇八年末、後任のベン・バーナンキ議長は、金利をほぼゼロ%にまで引き下げようとした。しかし、これによって、資源や資金の無駄遣いを誘発し、バブル崩壊の痛みはより大きなものとなってしまった。グリーンスパンは、二〇〇〇年と二〇〇一年に不景気を自分が克服した方法（低金利）をもっと徹底しようとした。が、それを実行していたら、結果はもっと悲惨なものとなっただろう。連邦準備制度は目下の経済危機を克服しようとしているが、未来は暗いままである。

連邦準備制度の重要な地位にいた経済学者のジェラルド・オドリスコルは、連邦準備制度を次のように例えている。「連邦準備制度がやっていることは、放火犯が自分で放火しておいて、どうしてそのような火事が起きたのか分からないと言っているのと同じだ[*22]」

バーナンキは、今回の経済危機に関して、連邦準備制度は全く責任がないという態度を取っている。そして、経済危機の原因になった政策（低金利）を、解決策だとして実行している。そんな解決策など誰も必要だと言っていないにもかかわらずだ。

不幸なことに、アメリカ人の多くは、連邦準備制度について何も知らない。また、ヤブ医者のような経済学者が、経済危機への無駄な対処法を実行していることも知らない。オーストリア学派が発見した景気循環理論についても何も知らない。バーナンキを批判する人々の多くは、彼が金利を素早く下げなかったことを批判している。こんな人たちでも専門家を気取ることができるのだ。

本書の第四章で見ていくが、金利を下げるのは今回の経済危機に対処する上で最悪の施策である。そして、本書の結論部で見ていくが、不景気を短くし、早めに回復基調に乗せることができる政策があるのに、それをしないで、反対にアメリカ国民の生活をもっと貧しく、そして困難な時間（大不況）を続けさせるような提案にとって代わられ、実行されている。

私たちは、まさに罰を受けているかのように、そうした状況にいるのだ。

［第三章］

ウォール街への大規模救済策

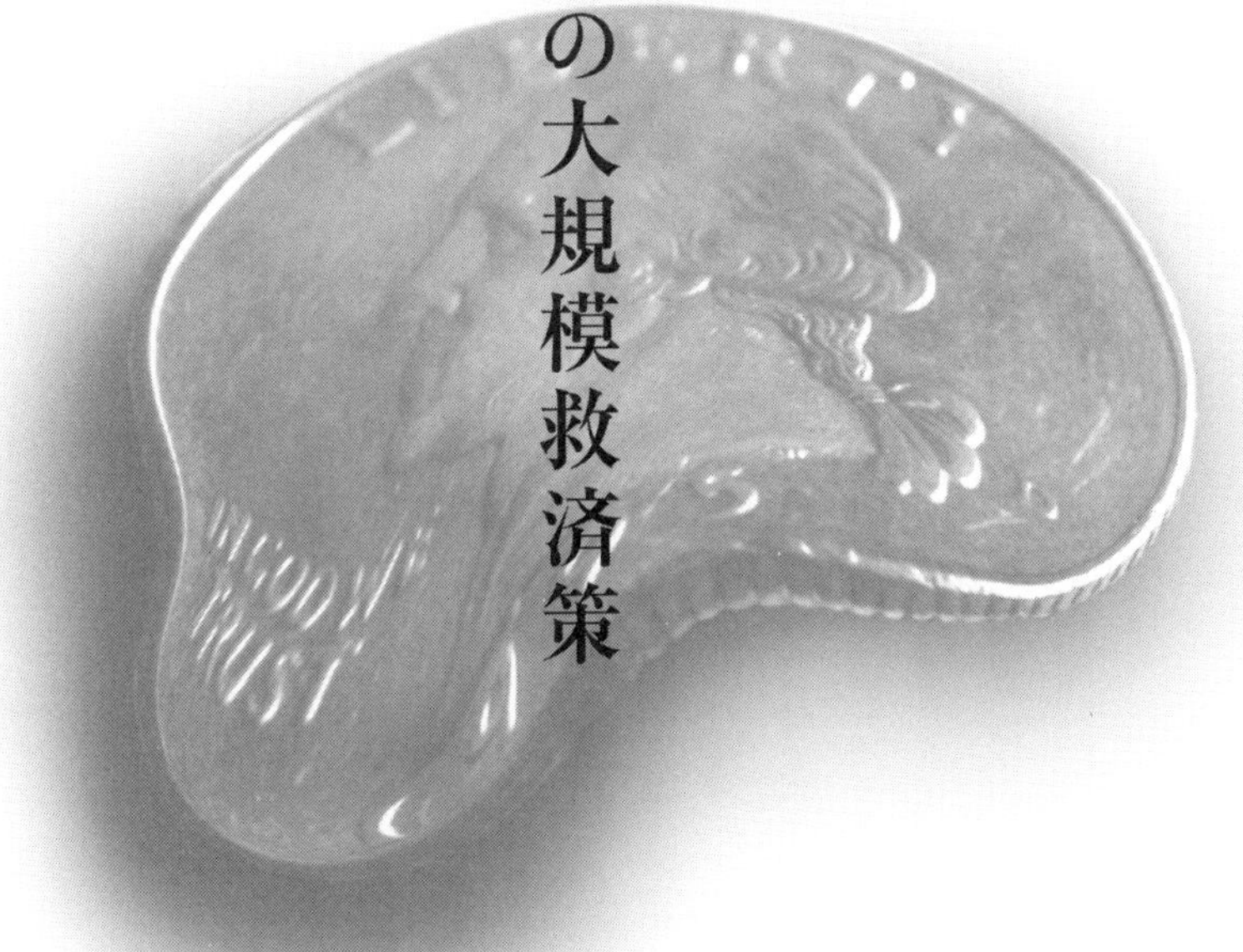

ポールソン財務長官とバーナンキFRB議長の大罪

ヘンリー・ポールソン財務長官は二〇〇七年三月、世界経済について次のように語った。「世界経済は、私の人生の中で今最も力強い時期にある」[*1]と。バブル崩壊後の二〇〇八年三月になってもなお、「アメリカの銀行の財政基盤はいたって強固だ。この状態はこれからも長く続く」[*2]とも述べた。

ベン・バーナンキ連邦準備制度理事会議長だって、ポールソンの発言と同じ内容を繰り返していた。二〇〇七年五月には、住宅バブルが崩壊し、アメリカ経済に悪影響を及ぼし始めていた。この時期に至ってもまだバーナンキは、「サブプライムローンの悪影響が、これ以上、経済、金融システムに波及することはない」[*3]と述べた。

だが、事態は悪化していった。二〇〇八年三月中旬に、ウォール街を代表する投資銀行(証券会社)ベアー・スターンズが破綻した。連邦準備制度はベアー・スターンズをJPモルガンに吸収させた。ベアー・スターンズが保有する紙くず同然となった住宅ローン担保証券を、担保価値のあるものとして投資銀行のJPモルガンに〝融資〟して、ベアー・スターンズを吸収させるという荒業《あらわざ》で救済した。連邦準備制度は議会の承認を得ることなくベアー・スターンズを国有化しておいて、すぐにJPモルガンに投げ捨てたのである。

どうしてそんなことをしたのか？　ベアー・スターンズの倒産によって「システムにかかわるリスク」、即ち「銀行の連鎖倒産が起こってしまうのでは」という不安を打ち消すためだった。ポールソンやバーナンキが「強固だ」と請け合ったアメリカ経済は、実際のところは、注意深く運営されねば大変なことになるほど弱っていたのだ。

二〇〇八年八月、ポールソンとバーナンキはアメリカ国民に対し、ファニーメイとフレディマックを救済したという例外を除けば、経済全体の基盤はまだ健全であると請け合った。[*4]

「みなさん、パニックになってはいけません。投資をやめてはいけません。住宅を買うためのお金を借りるのをやめてはいけません。パリス・ヒルトンのように浪費しましょう。そうすればすべてがうまくいきます」

二〇〇八年の最初の八カ月間、この方法で人々を食わせていた人たちが、信用も職も完全に失ってしまった。しかし、バーナンキとポールソンは二〇〇八年九月に株式市場が溶解《メルトダウン》してしまってもその職に留まっているだけでなく、経済危機に対処するための権力まで保持しているのである。彼らは現状を間違って判断していたのに。

救済策はこうして開始された

二〇〇八年九月以前はすべてが順調だった。だが二〇〇八年九月のリーマン・ショック以降の、突然の、歴史的な金融恐慌の発生を防ぐために、これまでにない方策の実施が求められるようになった。

二〇〇八年九月七日、ヘンリー・ポールソン財務長官は、アメリカ政府が直接ファニーメイとフレディマックを保有すると発表した。それまでに二つの住宅公社でアメリカの住宅ローン全体の七五%を保有し、五兆ドル（約五〇〇兆円）もの住宅ローン担保証券を売りまくっていた。このうちの一体どれほどが返済不能の住宅ローンを含んでいるか、誰にも分からない。こうした措置は「保有管理（conservatorship）《コンサヴェイターシップ》」と呼ばれたが、誰もが本当は「国有化（nationalization）《ナショナライゼーション》」なのだと分かっていた。政府が民間企業（この場合は半官半民企業）を保有すること、それを国有化という。

このようにしてポールソン財務長官は、住宅ローン担保証券市場に参加している金融機関の株式の多くを国の管理下に置いた。議会にも誰にも相談せずにだ。ポールソン財務長官は「この措置によって、納税者は利益を得ることができる」と主張した。彼はその理由について、「連邦政府が一般の株主たちよりも先に、金融機関が将来生み出す利益を得ることができるからだ」と説明した。しかし、同時に国有化によって、何百億ドルもの損失を私たち納税者が負担しなければならなくなった。

ニューヨーク・タイムズ紙は、税金を使って住宅ローン担保証券を保証するというポールソン財務長官のこの措置を、「合理的で、金融機関を生き返らせることができる措置だ」と評価した。ニューヨーク・タイムズ紙はごますりの、おべっか使いである。

二〇〇八年一一月、ファニーメイは、第3四半期の損失が、二九〇億ドル（約二兆九〇〇〇億円）に達すると発表した。そして、二〇〇八年末までに自己資本がマイナスになる、という懸念も表明した。

このあと事態は急変する。二〇〇八年九月一五日、連邦準備制度は、バンク・オブ・アメリカのメリル・リンチ買収を承認した。その直前に、ポールソン財務長官は、一〇の金融機関の名を挙げて、そのうちのどれかがリーマン・ブラザーズを救済すると発表した。なんとメリル・リンチまでがその一〇の金融機関のうちの一つであった。ある関係者は次のように述べた。「ポールソンは何も知らされていなかったようだ」。メリル・リンチがリーマン・ブラザーズ

ヘンリー・ポールソン財務長官

を救済するために七〇億ドル（約七〇〇〇億円）を出せるはずはないし、メリル・リンチ自身がもはや存続していくことが不可能であったことも明らかになった。[*5]
リーマン・ブラザーズは最終的には倒産することになった。ポールソン財務長官は、リーマン・ブラザーズは救済しない、と述べた。彼は、モラル・ハザード（moral hazard）が発生するのを懸念したのだ。モラル・ハザードとは、人々がリスクのある行動への責任を取らなくなることである。通常リスクの高い行動を取る人々が、行動の責任を自分たちだけでなく、そのほか多くの人々にも分散して取ってもらえると考えるようになることだ。企業の場合、納税者や他の企業の金で救済してもらえると考えて、思慮分別のない経営を行なうことである。「モラル・ハザードを重視する」とポールソンは断言した。[*6]
その翌日（九月一六日）のことだ。連邦政府は、今度は保険会社最大手のＡＩＧ《エーアイジー》の救済に八五〇億ドル（約八兆五〇〇〇億円）を拠出すると発表した。
ＡＩＧは、住宅ローン担保証券にはそれほど投資していなかった。問題は、住宅ローン担保証券を基にした、ＣＤＳ《シーディエス》クレジット・デフォルト・スワップ（credit default swaps）〔訳者註：大企業の決算書の中の貸倒引当金を取り出して、これを保険商品にして売り買いするデリバティブの一種〕を多く発行していたことであった。債務不履行そのものを保険商品にしていたのである。住宅バブルの崩壊によって、住宅ローン担保証券の価値は下落した。住宅価格の下落に伴い、変動金利住宅ローンの金利が上昇した。多くの人々の住宅ローンの総額が乱高下し、住宅の価格よりもローンの残高の方が高くなる、という事態になった。月々のローン返済額が劇的に上昇し、差し押さえを避けられない人々の数が急増した。こうした住宅ローンが一束にまとめられて組成されているＭＢＳ《エムビーエス》住宅ローン担保証券の価値は下落した。住宅ローン担保証券の価値が一気に下落したことで、ＡＩＧは危機に陥った。

連邦準備制度のＡＩＧ救済について、ニューヨーク・タイムズ紙は次のように書いた。「今回の連邦準備制度のＡＩＧ救済は、中央銀行の歴史上、民間企業に対する最も急進的な介入であった[*7]」

連邦準備制度はＡＩＧに八五〇億ドル（約八兆五〇〇〇億円）を融資した。その代わりに、株式の八〇％を奪い取った。いつものように、議会には何の相談もしなかった。それでもアメリカ中の社会科の教師たちは建前を教えなければならなかった。その建前とは、法案は議会で議論されて法律となること。アメリカ政府は国民の意思に従って運営されていること。そして、政府の役人たちはアメリカ国民の福利のために仕事をしていること、である。

二〇〇八年一一月、ＡＩＧにはさらに四〇〇億ドル（約四兆円）の追加融資が必要であると発表した。

アメリカ政府は、物乞いになり果てた大金融会社の味方をし、納税者は彼らにとってのＡＴ

M（現金自動預け払い機）になってしまったのだ。

「大きすぎて潰せない」とは「生かしておくには大きすぎる」

ＡＩＧ、ファニーメイ、フレディマック、そして続々と銀行が政府に救済されるのを見て、自分たちも救ってもらおうとしたのが自動車大手三社（ビッグ・スリー）である。大企業の場合は、「大きすぎて潰せない」とよく言われる。これはつまり、そうした大企業を倒産させてしまうと人々への影響が大変に大きい。だから倒産させられない、ということだ。もっと詳しく説明すると、大企業は他の多くの企業と関係を持っている。倒産してしまうとそれらも倒産の危機に直面したり、実際に倒産したりして、経済全体に大きな波及効果を及ぼしてしまう。

しかし、大企業の倒産については別の考え方も存在する。ある企業が六つの部門を抱え、そのうちの四部門が黒字で、二部門が赤字だとする。この企業にとって二つの赤字部門を整理することがよいことである。消費者の需要に応えられない部門に資源を投入して無駄にしてしまうよりも、その資源を残りの四つの黒字部門に回すべきだ。企業にとって、黒字部門に寄生している赤字部門を切り捨てることが、より健全なことである。そうすることで、企業全体を活発化できる。

ある企業について正しいと言えることは、富を生み出す人々が寄り集まって構成している社会全体にとっても正しい。健全で競争力のある企業が富を浪費し、資源が行かないようにしてしまう活動を止めることで、経済は前進する。

こうした考え方からすると、私たちが「大きすぎるから潰せない」と教えられてきた大企業は、実際のところ、「生かしておくには大きすぎる」ということになる。潰れるべき大企業が延命策によって生き続ければ生き続けるほど、他の健全な企業に回るべき資本と資源が無駄遣いされてしまうのだ。資本と資源が健全な企業に回ることは、消費者から見て、より生産的であると言える。[*8] 政府の救済策のせいで潰れるべき大企業が生き残ると、資本の健全な流れと経済の回復を阻害してしまうのだ。

リーマン・ブラザーズのたどった運命は、大企業が倒産すると何が起こり、それによって経済に何がもたらされるかを示す好例となった。リーマン・ブラザーズは総資産六三九〇億ドル（約六三兆円）、社員二万六〇〇〇人の巨大企業であった。リーマン・ブラザーズが倒産すれば、経済に悪影響を及ぼし、「大きすぎて潰せない」という主張の正しさが証明されるはずだった。しかし、実際には何も起きなかった。二〇〇八年九月、リーマン・ブラザーズは倒産した。すぐに受け皿が見つかった。そして何も不都合なことは起きなかった。それがリーマン・ブラザーズという大企業が倒産を宣言したときに起きたことの全貌である。地球は軌道を外れなかったし、太陽に向かって進んだりもしなかったのだ。

ワシントン・ミューチュアル（WaMu《ワム》）はアメリカ最大の投資貸付銀行だったが、これも二〇〇八年九月、預金引き出しが増加し、経営危機に直面した。JPモルガンがワシントン・ミューチュアルの採算部門を買うことで、ワシントン・ミューチュアルは生き残った。

「不良債権救済プログラム」は政府による金融資産の強制収容

リーマン・ショックが起きた二〇〇八年九月末には、ブッシュ政権は、一度限りの救済策では経済危機に対処できないと分かった。さらに大規模な救済策が必要だった。それもかなり大規模のものである。

ポールソン財務長官とバーナンキFRB議長は、アメリカ国民に、金融分野への包括的な救済策パッケージの実施を提案した。世論も、金融機関がこの救済策パッケージを受け入れるように迫った。金融機関が救済策を受け入れずに倒産してしまうと起こるであろう悲劇的な話ばかりを、政府の役人たちが喧伝して回ったからだ。その内容は、人々の年金プランが破綻してしまうこと、住宅価格の下落、中小企業の資金繰りの悪化による様々な支払いの停止（これは健全な中小企業が銀行からの緊急の資金で支払いをしていた場合だ）等々である。

救済策はすぐにでも承認されねばならなかった。それほど急を要していた。この救済法案に反対する人、もしくはその可決を遅らせようとする人は、イデオロギーに染まりきっているか、馬鹿だ、と言われた。厚さ四四二ページにもなる法案の中身をちゃんと読む時間さえなかった。議論する時間もなかった。何を議論することがあるだろうか？　「カネを借りることが全くできなくなっているのだ！」

こんな不確実な時代であっても、高いリスクに対する金利がついていても、信用基準を満たしている人間は、お金を借りることができる。信用基準を満たしている人間にだけ銀行が貸し付けておけば、私たちはここまで苦境に陥ることはなかったのだ。

経済の後退局面、特に現下の経済危機の局面においては、貸付基準は厳しくされるべきだ。それは、果たしてこの分野は大丈夫だろうかという疑問が、当然多くの産業部門に生まれるからだ。思慮を欠いた過度の貸付と信用創造によって、利益を生まない分野や馬鹿げた産業分野に資本（資金）が回ってしまい、経済状況は悪化してしまった。こういうときは経済構造を再構築する時間が必要なのだ。市場参加者が、どの投資が健全で、どの投資が資本の無駄遣いなのかをちゃんと判断できるようにすべきだし、モノの価格が市場の実勢を表すものになるようにすべきだ。そうすることで、経済活動において、合理的な計算をすることができるようになる。銀行は、なすべきことをしっかりなすべきだ。それは、銀行が健全で分別ある貸付基準を守り、ローンの申し込みをもっとしっかり精査することだ。
救済法案の、正式名称は、二〇〇八年緊急経済安定化法案（the Emergency Economic Stabilization Act of 2008）であるが、この内容は、財務省に七〇〇〇億ドル（約七〇兆円）の予算をつけて、これだけの金額の不良債権を政府が「一斉に」買い取る、というものであった。これはつまり、銀行のもつ不良債権《バッド・ローン》を互いに購入し合い、それを市場価格の安値で売却して実損を出す（償却する）。そして、損の出た分だけ、財務省から金を出してもらうという方法が可能になる、ということだった。
CBSのデクラン・マッカアロウ記者は次のように警告を発した。「緊急経済安定化法の下で、銀行たちは全部で一〇〇〇億ドル（約一〇兆円）の不良債権を買う。その大部分がサブプライムローンである。これらはすぐに価値を失って、紙切れになってしまう。その後、不良債権を抱え過ぎたとして次々に倒産を宣言し、財務省にその不良債権を倍の二〇〇〇億ドル（約二〇兆円）で買い取ってもらう、というビジネスを銀行はやりかねない」[*9]
この救済策の肝心な点は、不良債権を金融機関から買い上げることだ。そして不確実性（倒産の可能性）を減らし、凍結してしまった銀行間貸借を活発化させることであった。銀行間貸借が止まったのは、比較的健全な銀行が不良債権を抱えていると思われた銀行に貸し付けるのを躊躇《ちゅうちょ》したからだ。こうして、納税者が、不良債権の処理に責任を負わねばならなくなった。

不良債権の種類についても、住宅ローンの他に、自動車ローン、クレジットカードのローン、学資ローン、商業ローンなど多岐にわたるものとなった。

緊急経済安定化法に基づいたTARP《タープ》不良資産救済プログラム（Troubled Assets Relief Program）で、財務省は、金融機関の資産を財務省の言い値で買い取ることができるとされた。この決定には法的根拠などなかったが、救済プログラムの第一一九条項によれば、以下のとおりとなる。「この法律〔訳者註：緊急経済安定化法〕に基づいたプログラムに参加するに当たり、資産を移転させられた個人が財務省に対し、その返還を求めることはできない。ただし規定された例外事項と、財務省と特別に契約を交わした場合はその限りではない」

これは、政府による金融資産の強制収容である。財務省が望み、銀行が資産を持っていれば、財務省は、自分の言い値でそれを強制的に買い取ることができる。もちろん、大手金融機関はこのプログラムを支持した。それは、自分たちが持つ全く価値のない資産（クズ債券）を政府に売り付けることができるからだ。財務省はさらに、納税者の血税を使って住宅ローンを「保証する」ことができる。差し押さえ件数を減らす方策を実施する権力も得た。差し押さえ件数を減らすために、個々の個人の住宅ローンの元本を「ある程度」減らす、という強制手段もやっている。

政府の救済策に対しては健全で説得力のある反対意見があった。ところが、政府の高官たちは、アメリカ国民に対し、ポールソンとバーナンキへの反対意見を受け入れないよう、がなりたてて回った。ニューヨーク・タイムズ紙の編集委員で、保守派と呼ばれるディヴィッド・ブルックスは次のように書いている。「我々ニューヨーク・タイムズ紙は、これまで冷笑主義者《シニシスト》たちの主張を取り上げることで政府の救済策に反対してきた。が、これは間違いである。本紙は、これまで自国のリーダーたちと、財務省や連邦準備制度に結集した専門家たちを嫌ってきた[*10]（が、これは誤りである）」

ブルックスは、「結集した専門家たち」が経済状況の判断を間違い、朝令暮改を重ね、何が起こっているのか、全く分かっていなかったことを知っていた。それなのに、ブルックスは、彼ら専門家たちの指図を受けないのは、冷笑主義で、野蛮な行為だと主張したのだ。

「空売りは反愛国的行為だ」と叫ぶ政府の意図

金融危機に対する連邦政府の措置には、七九九社の大企業の株の空売《からう》りを禁止するという項目も含まれていた。空売り（Short-selling《ショート・セリング》）とは、投資家の戦略で、ある企業の株価が下がると予想されるときに、その株式を購入する。ある企業の株価が上がると予想したら、それを買うのが普通だ。もし下がるとすると、それを空売りする。ある企業の株価が下がると予想されている場合、投資家は、その企業の株式を保有者から借りてくる。そして、それを現在の時点の価格で予め売却するのである。そして、その株式の価格が下がったら、その株式を売った株数だけ買い戻すのである。そのときの価格の方がはじめの売却時の価格よりも低くなっている。その後、借りた株式を元の保有者に返す。空売りをした投資家の手元には差額が残る、という仕組みである。

簡単に言うと、あなたは投資家として、株式を借りてくる。そのときの株価が一〇〇ドルとする。あなたはその株式を一〇〇ドルで売却する。手元に一〇〇ドルの現金が残る。二週間後、その株価が八〇ドルに下がったとする。その時点で株式を買って、それを元の持ち主に返却する。その持ち主は株式を売却する意図は初めからない。差額の二〇ドルが残るが、それはあなたのものとなる。

ところが空売りの禁止（取引の規制）は、政府の意図とは逆の効果を生み出すことになった。投資家が投資をする場合、どの分野が健全で、どの分野が不健全かを知る必要がある。投機家がある企業の株式を大量に空売りした場合、その企業以外の大多数の企業の株式は健全に取引されていると言える。投資家たちは、これによって、正しい情報に基づいた、より安全な投資をすることができる。こうした投資情報がなければ、投資家はより用心深く行動するだろう。しかし、情報がないままで健全で分別のある投資をするだけで、資本を増やしていくのは困難なことである。[*11]

政府当局者は空売りに大変批判的である。それは当然だ。空売りをする人々は、政府当局の気づかない制度の欠陥を衝《つ》いて、その存在を明らかにするからだ。政府当局者は、詐欺師を探し出し、間違った会計慣習を改め、企業の収益性を実際よりも大きく見せようとするのを禁止する。空売りを行なう投機家たちは、政府当局がやりたいと思っている仕事を代わりにするのだ。彼らが特に内部情報を持っていれば、なおさらである。投機家たちは、政府当局よりも素早く、怪しい企業に対しての注意を喚起する。

二〇〇一年末に発生したエンロン（Enron）事件を取り上げてみよう。証券取引委員会は、会計と取引が不透明であっても、エンロン〔訳者註：電力の卸売り事業で巨大になった会社〕に対してお墨付きを与えていた。空売りを仕掛ける投機家ジェームズ・チャノスは、エンロンを調査し、不正を発見した。チャノスは、エンロンの株式に空売りを仕掛け、エンロンの不正を告発した。やがて人々もそれに気づき、エンロンを調査した。そして、エンロンの行なっていた詐欺が明らかになった。空売りを仕掛ける投機家こそが、詐欺を見破るモチベーションと頭の良さを持っているのだ。

空売りを仕掛ける投機家たちは、政府当局の専門家たちに怒りを感じている。それは、政府が投資家たちに対して、ある企業の健全性について誤った情報を与え、騙して安心させるからだ。投資家たちは「ある企業が何か誤りを犯したら、政府当局がそれを知らせてくれる」とまで信じていたが、そんなはずはなかった。投資家たちをしっかり守ってくれる公僕など存在しない、という市場の掟《おきて》さえ存在するのだから。[*12]

さらに、空売りが市場で許されなければ、株価が高すぎるというシグナルを市場に発することができるのは大株主の行動だけということになる。しかし、大株主だけが企業に関する有用な情報を独占するのはおかしい。

空売りを仕掛ける投機家たちも時として間違いを犯す。それは事実だ。だが間違いを犯さない人間など存在するだろうか。株式を購入し、長期間保有する人々《バイ・アンド・ホルダー》だって頻繁に間違いを犯す。長期保有者が正しいとすると、彼らに株式を売却した人々は、間違いを犯したと言えるからだ。株を売却した人々は、株価が下落すると予想した。しかし、実際はそんなことはなく、売却した相手は株式を保有し続けている。[*13] 故に空売りに反対し規制しようという意見は、どんなにひいき目に見ても、正しいとは言えない。

モラル・ハザードを助長する救済策

空売りの禁止は経済情勢を改善すると言われている。しかしこの取引規制は間違った考えの一つに過ぎない。二〇〇八年一〇月、FDIC《エフディアイシー》連邦預金保険公社（Federal Deposit Insurance Corporation）は、政府が補償する一人当たりの預金額を、一〇万ドル（約一〇〇〇万円）から二五万ドル（約二五〇〇万円）に引き上げた。この措置は二〇〇九年一二月まで続けられる。FDICの預金補償によって、人々は、銀行の財務状況を考えずに預金できるようになった。銀行が破産しても、FDICが預金を保護してくれるからだ。

だが、これは銀行に慎重で分別ある経営を求めたこの時期に、連邦政府が、モラル・ハザードをむしろ助長する措置を取ったことになる。そのために、銀行が預金者たちを精査する意欲を削ぐ結果になった。FDICの総資産では、全米の全預金額のわずか〇・五％しか補償できない。従って、銀行の破産が続いたら、連邦政府は預金を補償するために（これは保険と呼ばれている）、紙幣を大量に刷らねばならなくなる。激しいインフレーションが発生するだろう。[*14]

ある人々は差し押さえ猶予期間を設けるように提案した。具体的には、六〇日間を設定し、その期間は銀行に住宅の差し押さえを行なわせないというものだ。だがこの措置が行なわれてしまうと、何とかして月々の返済をしようとしていた住宅ローンの借り手は甘やかされて返済しなくなり、問題を悪化させてしまうことになる。政府が契約や資産の強制的な移転などの介入をしても、貸し手である金融機関は、借り手への貸出を増やすことはしなかった。住宅ローンの貸出は減少したが、それは自由市場が、普通の人々にきちんと資金を回すことができないし、機能していないことを示す証拠だとそのときは悪口を言われた。

問題は「規制緩和」でも「規制強化」でもない

「規制緩和」に反対する批判意見には、今も優れたものはない。規制緩和に反対するのは市場経済に反対する人々による中身のない条件反射的な内容のものばかりだ。彼らは、「今度の経済危機は規制緩和のせいで起きたのだ」と批判する。商業銀行の預金は一人当たり一〇万ドル(現在は一時的に二五万ドル)が「連邦政府によって保証」されている。銀行が高いリスクを取りながら、政府(つまり納税者たち)の預金者保護を受けているという、現在の銀行システムの「規制緩和」は、自由市場の観点からすれば、こんなものは規制緩和とは言えない。

預金補償というモラル・ハザードは、「銀行を潰すには影響が大きすぎるから」というメンタリティと結びついていると言ってよい。「潰すには大きすぎる」というメンタリティは、大企業を潰すことはできない、と考えることだ。このメンタリティによって、銀行は、市場の圧力に従っている場合よりも高いリスクを取って経営を行なってしまう。[*15] この結論は、常識で考えたら分かることだし、最近の調査でも正しさが証明されている。

規制強化と規制緩和で考慮すべきは、自由市場とはかなり異なる現在のシステムのことである。このシステムでは、民間企業が馬鹿げた、高いリスクを取る決定をして失敗した場合、何も悪くない第三者がその責任を取らされてしまう。

このシステムを改善する上で「規制緩和」は最良のアプローチだろうか？　もちろん、「本当の」規制緩和は真に望まれるものである。本当の規制緩和とは、独占的な特権の廃止、自由競争の確立、「大きすぎて潰せない」という前提をなくすこと、銀行に対して請求があればすぐに預金者の預金を下ろせるようにさせること、倒産できるようにすること等である。言い換えれば、銀行を他の企業と同じように扱う、これに尽きる。銀行に対して高いリスクを取れるようにしながら、それでも政府が保証するというのは、規制強化という点からも、規制緩和という点からも、最悪の選択であると言えるだろう。[*16]

一九八〇年代の貯蓄貸付組合危機を思い出してみよう。連邦政府は破綻した貯蓄貸付組合を救済した。あのときには、貯蓄貸付組合が多く破綻したのは「規制緩和」のせいだと言われた。しかし、規制強化と規制緩和とは表裏一体の関係にある。大事な点は、今回のファニーメイとフレディマック、そして大規模投資銀行の不良債権処理には、納税者の血税（国の資金）が投入されていることである。政府（納税者）からの救済策があると甘く考えていたからこそ、あのときから金融機関は慎重で分別のある経営をしなくなったのだ。政府の救済策で、金融機関は自分たちの抱えるリスクを拡散し、社会に転嫁し、さらには納税者に転嫁することになるのである。貯蓄貸付組合の「規制緩和」とは、それらが高リスクの投資をできるようにすることであった。一九八〇年代、この規制緩和によって貯蓄貸付組合は倒産を回避できると考えられていた。しかし、この「規制緩和」は道理に反した、救いようのないものだった。本当の規制緩和とは、貯蓄貸付組合と納税者をきちんと分けることだ。破綻した場合でも血税では救済しないと決めることなのだ。

問題は、規制「強化」でも規制「緩和」でもない。問題は「システム」それ自体だ。負債、過度のレバレッジ、思慮に欠けた資金の運用を促すシステム、それ自体が問題なのだ。現在の通貨と銀行のシステムは、本来の自由市場の姿とはまるでかけ離れたものとなっている。そして、このシステムは、不安定さに対して脆弱《ぜいじゃく》である。不安定さが経済全体を支配していることの時期には、人々はより厳しい「規制強化」を求める。不思議なことではない。

私たちは、より健全で、危機に強いシステムを自由市場が作り出すことができるよう促すことができる。それなのに、現在のシステムは壊れやすい「砂上の楼閣（house of cards）《ハウス・オブ・カーズ》」である。システムに対する規制を強化することだけで満足しようとしている。本来の自由市場の作り出すシステムであれば納税者の血税による救済もないから、モラル・ハザードも起きない。こんなことでよいのだろうか？　規制強化だ、いや規制緩和だと激しく言い合うことで、私たちは、自由市場に任せる、という本来の方策があることを忘れてしまっている。

さらに言えば、特殊な少数の人々が犯した過ちに対処するために、「より厳しい規制強化」を要求する。それが実現してしまうと、市場は機能しづらくなってしまう。これは対テロリズム戦略とよく似ている。対テロリズム戦略は、いつも過去の事例を基にして立案される。例えば、テロリストが民間旅客機に、靴に仕込んだ爆弾を持ち込んだとする。対テロリズム戦略では、この靴に仕込まれた爆弾に対処する方策を決定する。しかしテロリスト側は同じ方法を取らない。テロの方法を進化させる。つまり、靴に爆弾を仕込んで旅客機には乗らない。ところが私たちは、同じ攻撃への対処法ばかりを思案しているのだ。

エンロン事件とITブームの発生と崩壊（二〇〇〇年三月）の後、連邦議会は、サーベインス・オクスレー法（Sarbanes-Oxley Act, 財政支出規制法）を可決した。国の会計を規制するこの法律は、既存の企業群から歓迎された。この規制法によって新規参入企業に対して自分たちが優位に立てる、と考えたからだ。だが、この法律を順守するためのコストについてまでは頭が回らなかった。この規制法を順守すると、普通の企業で年間三五〇万ドル（約三億五〇〇〇万円）ものコストがかかるのである。

ある経済評論家は次のように書いている。「サーベインス・オクスレー法について知れば知るほど、この法律が新しいビジネスの芽を潰すために作られたものだと気づかされる。三五〇万ドルは、フォーチュン五〇〇にランクされる大企業にとってははした金だが、新規の企業には、年間の収益に匹敵するほどの金額である。賢い企業家が株式公開市場（IPO《アイピーオー》）で苦労して資金を調達するよりも、『気前よくお金を出してくれるパトロン（corporate sugar daddy《コーポレート・シュガー・ダディ》）』を探そうとするのは当然のことではないか？」

彼は続けて次のように書いている。「サーベインス・オクスレー法に加え、公平な情報開示法（Regulation FD, Fair Disclosure）、ストックオプションの価格決定の法定化が実施されるようになった。その結果、新しく設立された企業の株式上場数は少なくなる一方で、大企業の力が高まるばかりとなった。競争は減り、生み出された富が拡散することもなく、金持ちだけがますます豊かになる。才能あふれる人々の起業が減り、企業の重役たちの質は下がり、彼らは精神的に追いつめられ、愚かな行動を取るようになった」[*17]

大企業が規制によって増える負担を歓迎し（その分の税額が減るだけだから）、受け入れているように見えた裏にはこうした理由があったのだ。大企業が規制強化を求める勢力に参加することによって、私たちは、規制強化がいかに愚劣なものかを知るのである。

私は、規制強化によって、今回の経済危機を引き起こした企業の馬鹿げた行動を繰り返させないようにできる、などとはとても信じられない。振り返ってみても、経済危機が起きる前に規制強化を行なっていたら今のような状況にはならなかったとはとても言えない。政府による規制・統制はするべきでないのだ。

金融恐慌下でも資金調達は機能していた

銀行が救済を望み、その条件が銀行の思う通りであったとしても、果たして政府による救済策が必要であったのかははっきりしない。政府の救済がなくても貸付はなくならなかったし、ビジネスは続けられたはずだ。

二〇〇八年一〇月、ミネアポリス連邦準備銀行に属する三人の経済学者が、政府による金融機関の救済は間違っているという、政府にとっては驚くべき主張を四点にまとめて発表した。

第一に、アメリカ国内の貸付額が急減しているという話は事実ではない、ということだ。ウォール街の金融機関は政府からは借りられているが、その他の方法での資金の借り入れには苦労している。しかし、金融機関以外の多くの企業は資金をちゃんと借り入れているのだ。二〇〇八年一〇月八日付の調査データは、企業と個人に対する貸付額が減少していないことを示している。第二に、銀行間貸し付けは行なわれていないと言われていたが、データは、実際にはそれが「健全に」行なわれていることを示している。第三に、金融機関以外の企業は、短期借入（コマーシャル・ペーパーと呼ばれる）を行なう能力を保持しているということだ。経済危機発生後、金融機関発行のコマーシャルペーパー〔訳者註：CP《シーピー》という約束手形で、融資の見返りに銀行に差し出す」は減少したが、金融機関以外の企業が発行したコマーシャルペーパーは減少していない。金融機関発行のコマーシャルペーパーの金利は上昇しているが、それ以外の企業発行のものの金利はそうでもない。また、金融機関発行のコマーシャルペーパーの金利も、二〇〇六年から二〇〇七年半ばの頃に比べ、だいぶ低くなった。第四に、銀行が貸出を渋るようになったが、資金を借りたい健全経営の企業にはそこまで影響はなかった。企業は銀行以外から必要な資金の八〇%を調達していた。[*18]

金融コンサルタント会社のセレント社は、二〇〇八年一二月に、ミネアポリス連邦準備銀行の調査を裏付けるレポートを発表した。連邦準備銀行のデータを使いながら、レポートは、伝えられている「信用収縮（credit crunch《クレジット・クランチ》）」（貸し渋り）は誇張されたものだと結論付けた。経済危機発生後も、個人貸出から銀行間貸出までを含む貸出額の総額は巨額なものだった。

レポートは、アメリカ政府が、いくつかの大企業（商業銀行、投資銀行、自動車会社）の苦境を誤って一般化し、貸出の減少が経済に悪影響を与えているとする誤った結論付けを行なったと指摘している。レポートの一部を引用する。「バーナンキ連邦準備制度理事会議長とポールソン財務長官の発言内容の多くが支持されなかった。私たちの用いたデータは彼らが率いる機関が発表したものであるのにもかかわらず、データとは矛盾していた。これは全く驚くべきことだ[*19]」

「とりあえず何かやれ！」の大合唱

ところが、アメリカ議会、ブッシュ政権、そしてメディアは、セレント社のレポートが基にしているデータを無視した。そしてメディアは連日、政府による大規模な救済策を過熱気味に報道していた。救済策以外の方策を考える時間も、発生したことの重要な情報を集める時間すら持たれなかった。政治家（議員）たちは冷静に対処することさえ許されなかった。彼らは何かしら行動しなければならなかった。

こうしたことは前にも聞いたことがある。そう、政府が無責任に何かをやろうとするときはいつも、政府は「時間がない。何かやらないと……」と国民に言うのだ。

国民世論のプレッシャーに押され、議会は政府による救済策を審議し始めた。そして、上院は、全会一致で金融安定化法案を可決した。悲劇的な統計データ、中傷、馬鹿げた経済理論を支持するメディアなど、様々な要因があった。にもかかわらず、下院では金融安定化法案は否決され、世間を驚かせた。その直後に、上院では法案が可決された。

それからの成り行きは予想されたものだった。下院で救済法案が可決されないということで、株価は下落を続けた。それで法案が下院に再提出され、再び可否を決することとなった。今度は可決された。二〇〇八年一〇月二日、ブッシュ大統領は法案に署名し、金融安定化法は成立した。同日、ダウ平均株価は一万四八二ドルで引けた。その一週間後、終値は九〇〇〇ドルを下回り、二〇〇八年末までその水準で推移した。

従って、政府による救済策があったから経済が回復したのだとは言えないのである。金融安定化法の成立後、多くのアメリカ人が不信感を持つようになった。彼らは、この法律がお金と資源を無限に食いつくすブラックホールのようになるのではないかと考えるようになった。もちろん、救済法案が議会で可決されなかったら、株式市場の急落は、議会が法案を否決したせいにされていただろう。市場経済が、あらかじめ答えの出ている議論に勝つには法案が否決されるしかなかった。

救済策の実施には時間がかかるが、どうせ実施されると分かっていた。だからウォール街の金融機関は生気を取り戻した。それはまるで、現在は原油高だが、将来確実に新しい大油田が見つかるということが分かり、やがて原油価格の引き下げが起こるようなものだった。しかし、株式市場が盛り返すことはなかった。株式が一時的に上がることは、「株価が下がり気味の弱気市場（bear markets《ベアー・マーケット》）」では起こることだ。同じことは大恐慌の初期段階で起き、株式市場が歴史的な高値を記録したこともある。

救済策が功を奏さないのは、政府当局が十分な資金を投入していないからだと非難する人々も既にいた。しかし、そもそも七〇〇〇億ドル規模の救済策では不十分なのだ。それどころか、二〇〇八年の上半期に、連邦準備制度と財務省は、合計で八〇〇〇億ドル規模の救済策を行なったにもかかわらず、何の効果もなかった。救済策は、もともと経済回復にとっての有効な手段ではないのだ。政府がやらねばならないこと、それは、アメリカ経済が、映画「バーニーズ／あぶない!?ウィークエンド」（Weekend at Bernie's）のとおりの状態になっていると認識することだ。もう死んでしまった企業に、サングラスをかけ、アロハシャツを着せて、元気でいるかのように見せかけているだけの状態なのだ〔訳者註：コメディ映画「バーニーズ／あぶない!?ウィークエンド」は、ハワイの別荘に招待された社員二人が、社長の死体を見つけるが、楽しい週末を過ごすために、社長が生きているかのように見せかけるために悪戦苦闘するという内容だ〕。

ブッシュ政権が、金融危機を大恐慌にまで発展させないようにするために「今すぐ必要だ」とした計画には、金融機関からの不良債権の買い取りも含まれていた。しかし、その権限を与えられていた財務省は、不良債権の買い取り計画の延期を決めた。最終的には、不良債権買い取り計画は実施されないことになった。

言い換えれば、私たちアメリカ国民は総額で八兆ドル（約八〇〇兆円）もの金を政府に託した。そして、政府はその金を貸し出したり、与えたりした。ところが政府は、自分たちのやるべきことについて薄ぼんやりした考えしか持っていなかったということなのだ。

銀行の国有化でチャベス大統領よりも左傾化するアメリカ

二〇〇八年一〇月八日の演説で、ポールソン財務長官は次のように述べた。「金融救済のために財務省は七〇〇〇億ドル（七〇兆円）の予算を使うことができるようになった。財務省と連邦準備制度が金融市場の安定化にとって重要だと考える方策である、金融機関への資本注入と、住宅ローンの購入と保証と、不良債権の買い取り等ができる」[*20]

ポールソン財務長官は具体的な方策を順に挙げていったが、その順番はデタラメではない。財務省は、三つのうちの後者二つを強調していた。が、二〇〇八年一〇月の時点で、最も実施したい方策は、はじめの銀行への「資本注入」であった。

ゴールドマン・サックスのCEOであったポールソン財務長官は、財務省に新設された金融安定局の臨時の局長に、ゴールドマン・サックスの元副会長、ニール・カシュカリを指名した。ジョージ・オーウェルの作品に出てくる政府部局のように、新しい政府部局に、もっと人間的な部局名をつけなくてもよかったのだろうか？〔訳者註：この時、ゴールドマン・サックス社は、ガバメント・サックスと嘲笑されるようになった〕

指名の数日後、ポールソン財務長官は「金融安定プログラムは、健全な金融機関であっても参加してもらえるような内容になっている」[*21]と述べた。連邦政府は二五〇〇億ドル（約二五兆円）の予算で銀行の株式を購入し、銀行を国有化することを認めた。政府は、約一二〇〇億ドル（約一二兆円）で九つの大手金融機関の株式を購入した。その大手金融機関には、シティバンク、バンク・オブ・アメリカ、ゴールドマン・サックスまでもが含まれていた。残りの予算で、もっと小さな金融機関の株式を購入した。ニューヨーク・タイムズ紙は、よいしょして「ポールソン財務長官は銀行のトップたちに対して、アメリカの金融システムの維持、安定のために、政府からの投資を受け入れねばならないと説得した」[*22]と報じた。

ヒューゴ・チャベスは社会主義者であり、ヴェネズエラの大統領である。チャベスは、市場経済を名ばかりのものにしてしまうアメリカ政府の驚くべき一連の行動に対して、「ブッシュは私よりも左傾化した。同志ブッシュは民間銀行の株式を買い取ろうとしている」[*23]と驚いてみせた。

今やアメリカ国民は、自分たちの金を政府に渡している。それが更に負債を増やすことに使われ、ドル通貨の価値が下落するのを黙って見ているだけしかできなくなった。そして、「健全な」金融機関が軒並み資本注入を受ける事態となった。この資本注入についても、緊急性が高く、議論をしている時間がないとせき立てられた。政府は「健全な金融機関は資本を今すぐ必要としているのだ！」と繰り返し喧伝した。そして「銀行の政府保有は一時的なことなので、心配いりません」とも政府は強調していた。政府は、「連邦政府はこれまで、非常時に掌握した権力は、非常時の終了後に手放してきた実績があります」と言い訳した。これに絡んで、政府は、連邦準備制度のＡＩＧへの緊急融資を正当化した。その根拠となったのは、七〇年前の大恐慌時代に、政府に緊急事態に対処するために認められた一時的な権力（統制権限）であった。政府は七〇年間もずっと一時的な権力を保持してきたのである。[*24]

銀行に対する政府介入によって、銀行がより注意深く、より分別ある貸付をするようになったかといえば、決してそうではない。経済危機が起きるまでは、銀行は乱高下が予想されるギャンブルのようなリスクばかりを取っていたが、そうした行動が抑制されることを期待したものの、そうはならなかった。予想が当たれば莫大な利益を得られるリスクを引き受ける金融機関はまだ存在し、それらに共通しているのは、彼らが政治家たちや彼らの強力な後援者たちと太いパイプを持っていることだ。ハーバード大学のジェフリー・マイロン教授は次のように警告した。「銀行株の政府保有とは、政治勢力が、どの銀行を勝たせ、どの銀行を負けさせるのかを決定することを意味する。そして、政府が、銀行に圧力をかけて次の三つの汚ないことをさせることでもある。それは、クレジット履歴《ヒストリー》の劣悪な借り手に金を貸すこと、政界と関係が深い産業に融資をすること、そして有力議員の選挙区の人々に厚く融資することである」[*25]

政府はどんな人間にでも金を貸すようにと、一応銀行に圧力をかける。政府官僚は、銀行に誰かに金を貸してほしいのである。しかし、政府からの「資本」を嫌々押しつけられた金融機関は、その資本を貸出に回さなかった。官僚たちは金融機関に対する不満、イライラをひどく募らせた。

思慮深い人間にとってみれば、こうした行動が起きるのは当然であった。経済が酷い状況のときに、銀行が新しい借り手を、きちんと返済できるか厳しく審査し、確かめるのは当然の仕事である。さらに言えば、現在の経済危機は、金融機関の、過度の、そして分別のない貸出によって発生したのである。その経済危機を、政治的な理由で、政府主導で貸出を増やすことで解決することなどできない。政府は自分たちの思惑で金融機関の貸出を増やそうとするが、これだけで、政府が経済の実態や経済危機の原因が分かっていないと判明する。ホワイトハウスの報道官ダナ・ペリーノは報道陣を前にして、銀行について白々しく次のように述べた。「アメリカ政府が金融機関にしてもらいたいと思っていることは簡単です。彼らに期待されている役割を果たしてほしいということです。金融機関にはアメリカの経済システムを支える役割を果たしてもらいたい。アメリカの銀行は資金を貸し出すために存在しているのです」[*26]

二〇〇七年八月の経済危機の発生直後、金融機関は、分別がなく、注意深さと慎重さに欠けた経営を行なった、と散々に叩かれた。それが一転して、金融機関は慎重すぎると批判されたのである。

起きるはずのないことやどんでん返しが、至るところで起こったのだ。恐れをなした官僚たちは、首を切られた鶏のようにただ走り回るだけだった。彼らは何をすべきか分からず、経済学の教科書で習ったこととは違う事態が世の中で起きるのはどうしてかと首をかしげながら、右往左往していたのだ。

二〇〇八年一一月中旬、ポールソン財務長官は、金融機関からの不良化した住宅ローンを担保とした資産（不良債権）を買い取るという方策を取りやめた。そして救済法の真の意図とは異なる投機を推奨した。ポールソン財務長官は混乱して、経済に何が起きているのかについて分からなくなり、経済の進むべき方向について決定できなくなってしまった。不良債権買い取りというアイディアは決して良いものではなかった。連邦政府は、「住宅ローンを買い上げて、それを返済終了まで保有すれば、額面の金額は収入として得られる」と主張していた。今では、確かに不良債権化した住宅ローン担保証券などは現金化できない〔illiquid《イルリクイッド》、訳者註：非流動的とも言う。市場で値段がつかないこと。債券のゴミクズ化のこと〕。が、政府はそれは一時的なもので、それを保有していれば、今売るよりも高い値段で売却し、現金化できると約束している。この薔薇《ばら》色のシナリオの欠点は、住宅ローンのほとんどの返済がなされないということだ。痛んだ住宅ローンは完済されることはない。借り手が返済できなくなっているからだ。

住宅ローン担保証券について言えば、巷間《こうかん》言われているほど現金化できないということはない。確かに買い手はいた。ただ、政府や金融機関が望むような非現実的な値段では買おうとしなかっただけだ。ポールソン財務長官が「政府は不良債権を買い取らない」と発表した直後に、あるヘッジ・ファンドのマネージャーのジョン・ポールソン（ヘンリー・ポールソンの親戚ではない）は、自分は不良債権を買い取る意思があることを明らかにした。[*27] 連邦政府は、不良債権を誰も買わないような高い値段（額面の七割とかの）で買い上げることで、住宅価格が下落しないようにしようと試みた。しかし、不良債権の総額はあまりにも莫大だった。住宅価格を下落させないように政府が不良債権を買い上げていることを市場に知らしめるには、莫大な金が必要となり、そのためには通貨発行を増大させねばならない。そうすると、ドルの価値を下落させてしまうことになる。

理由はどうあれ、ポールソン財務長官は突然、不良債権買い上げで何千億ドルもの資金を無駄遣いしないと決定した。不良債権の買い上げを、ポールソン自身が初めは望んだにもかかわらずだ。続いて彼は、個人のクレジット市場の維持に躍起となった。ポールソンは次のように警告している。「クレジット部門の非流動性はコストの上昇を招いている。自動車ローン、学費ローン、そしてクレジットカードを利用できる人々の数を減少させてしまっている」[*28]

アメリカ国民が望んでいることは、クレジットカードを何枚も持ち、限度額いっぱいまで使えることである。そして、人々は新しい車を買えなくなって、今乗っている車でもう一、二年我慢してしまう。すると悲惨な将来が待っている。それは考えるだけで恐ろしいことだ。

個人がクレジットカードを持つことが今よりもほんの少し難しくなっても、大規模なパニックにはならないだろう。市場は、アメリカ国民に対して、「プラズマテレビを持っているのに、さらにもう一台をクレジットカードで（借金をして）買うようなことをしているが、そんな浪費ではなく、貯金を始めなさい」とアドバイスしている。ところが、政治家たちは、私たちを放っておいてくれない。彼らは私たちを放っておくという考えを持つことすらない。政治家たちは、一般大衆から奪った金で、富の破壊者、すなわち金融機関を助けなくても、自分たちには何も起こりはしないということを分からないのだ。

国民からの略奪物、それが救済策の適用

政府の銀行救済策の目的は、システムへの「信頼」を取り戻すということであった。しかし、財務省と連邦準備制度の打ち出す指針はあまりにも行き当たりばったりだった。行きすぎたものであったので、不確実性ばかりが増える結果になった。明日はいったい何が起きるのか？ 新しいルールは一体どうなるのか？ 次はどの部門が救済策の対象にされるのか？ 等々、

人々は多くの疑問や不安を持つようになった。ポールソン財務長官は変心を繰り返し、金融機関は、「アメリカの政府当局は、一体自分たちが何をしていて、何をすべきなのか分からないまま行動している」という印象を強く持つようになった。こんな印象を持たれるようでは、投資家の信頼を取り戻すことなどできない。

この問題は、一九三〇年代にニューディール政策を遂行する上で、フランクリン・ルーズベルトにいつも付きまとった問題のひとつであった。ルーズベルト政権は、行き当たりばったりで民間に介入したので、企業家たちは投資する意欲をなくし、政権が次に何をするのか分からず、不安になった。[*29]

二〇〇八年九月に、救済策と政府の銀行の株式買い上げが提案される以前にも、連邦準備制度は、銀行に対して、たとえきちんとしていない担保でも巨額の資金を貸し付けていた。この救済策は二〇〇七年から開始され、二〇〇八年には集中的に行なわれるようになった。金融システムに資金を注入する新しい手段として、連邦準備制度は、「ターム・オークション・ファシリティ(Term Auction Facility, TAF)」「ターム・セキュリティーズ・レンディング・ファシリティ(Term Securities Lending Facility, TSLF)」「プライマリー・ディーラー・クレジット・ファシリティ(Primary Dealer Credit Facility, PDCF)」を創設した。これらの方策によって何千億ドルもの資金が、金融業界に流れることが可能になった。ＰＤＣＦとは、連邦準備制度が連邦準備制度短期貸出（discount window《ディスカウント・ウィンドウ》）を通じて、投資銀行（証券会社）に直接貸付を行なうことができるようにした新設の制度である。これは、大恐慌以降は初めての方策である。投資銀行は、価値が下がっていることが確実な証券などの資産を担保にして資金を借りることが可能となった。ミラー・タバク社の株式ストラテジスト、ピーター・ブックバーは次のように主張した。「これらいくつかの特別な方策と資本注入によって、問題はより悪化する。金融機関の今の状況に対する危機感を鈍らせることになる」

ブックバーは、CNBCのインタビューに次のように答えた。「連邦準備制度がTSLFとPDCFを使うことで、投資銀行（証券会社）に安心感を持たせてしまった。これは誤りだった。彼らは、レバレッジをかけて生じた借金漬けの現状を解消する時間を政府から与えられたと考えてしまった。そうした考えによって、借金漬けの状態からの脱却、それ自体が遅れてしまった。その結果、リーマン・ブラザーズは破綻し、ゴールドマン・サックスとモルガン・スタンレーは今や見る影もないほどに追い込まれてしまった。救済策がなかったなら、私たちは金融機関がレバレッジをかけたことによる己れの借金漬け状態からの脱却について本気で考え、七〇〇〇億ドルの救済策について議論することもなかっただろう」

ウォール街の金融機関に対する救済策をより大きいものにすることによって、連邦準備制度理事会は市場の動きを鈍らせ、混乱させた。経済学者のロバート・マーフィーは次のように書いている。「より低い金利、これまでにない流動化促進プログラム、そして大規模な救済策などの、より寛大な援助を約束することで、政府は、チキン・ゲーム（恐怖ゲーム）のお膳立てをしたのだ。膨大な不良債権を抱えた金融機関は資金の貸し手や株主と一緒になって、その処理を遅らせようとした。そして政府が奇跡を起こして自分たちの不良債権をチャラにしてくれるように願った[*30]」

二〇〇八年末、保険会社から自動車会社にいたるまで、ほぼすべての大企業が、国民からの略奪品、すなわち救済策の適用を申請した。決算書では「損失」部分が強調されるようになった。より正確に言うならば、決算書のうち、利益とは企業の取り分で、損失は納税者と勤労者がかぶるもの、ということを意味するようになった。

金融部門に対する一連の救済策に関し、アメリカ政府は、「救済策については後でもう一度見直す」とは決して言わなかった。これは大変に狡猾《こうかつ》である。なぜ言わなかったのか？もし今回救済策を見直さなくても、将来何度でも見直せばよいのではないか？　横着になった金融機関は、大きな機関は「大きすぎて潰せない」と政府が考えていると知っているので、またたリスクを取る方向（投機）に進んでしまう。自動車大手三社いわゆるビッグ・スリーへの救済策によって、政府は以下のようなメッセージを発することになった。「普通の企業の経営ミスならば損失という形で罰せられる。しかし、巨大企業の経営ミスは逆に褒賞されるのだ。その褒賞は、善意の第三者（納税者）から盗んだ金を、資金の貸出という形で与えられる」[*31]
富を生み出している人々が、富を生み出すのに失敗した人々を助けるように強制されるのだ。このような環境にあるのに、「規制強化」をしたところで、金融機関にリスクの高い投資を止めさせることはできない。こんな環境下では、モラル・ハザードは発生するべくして発生しているのだ。

モラル・ハザードを起こしているのは金融機関や大企業だけではない。アメリカの一般国民もまた、モラル・ハザードを起こしている。住宅ローンを抱えている人々が、住宅を差し押さえられる代わりに、連邦政府から救済されているのを見てしまったら、自分たちの借入計画や住宅ローンの返済について、注意深くかつ慎重にはなれない。住宅ローンを抱えている人々が「連邦政府は銀行よりも取り立てが甘い」と確信したら、彼らは月々の返済をやめてしまうだろう。これによって連邦政府が買い取らねばならない不良債権は増大する。救済策が不良債権を増やしてしまうというプロセスが自己増殖してしまうのだ。

財務省と連邦政府は、当然のことながらできるだけ資産価値が下がらないように努力している。資産価格を高値で安定させようとしている。これによって、不良資産を持っている人々の財務状況を少しでも改善しようとしている。もちろん、不良資産を持たない人々や企業にとっては、資産価値の高値安定は決してよいことではない。特に、住宅を熱望している人々にとっては、住宅価格がもっと下がることを望んでいる。

大きな損失を出した金融機関への政府貸出や、政府から圧力を受けた民間企業からの貸出は、火災報知器を消したままで火事を消そうという意図をもって行なわれた。しかし、これでは政府当局は、資産価値の下落を防ごうとしているようなものだ。株価の下落は、経済問題の「原因」ではない。株価は経済状態の「反映」でしかない。政府の介入によって株価を吊り上げようとするのは、病気の症状ばかりに対処して、その原因に対処しないことである。

だが、株価を政府介入によってつり上げようとするのは、政府の経済危機に対する反応としてはオーソドックスなやり方だ。金融バブルは必然的に崩壊するものであり、無理やり上げられていた住宅など資産の市場価値はどうせ下落する。価格は、需要と供給の、自然で、何にも妨げられない動きによって決まり、適正な価格に収斂《しゅうれん》していく。

アメリカ政府はそうした動きの逆をやりたいのだ。バブルとしか思われない、市場の実態にそぐわない高い値段を維持しようとしている。バブルの価格と実勢価格との差額を政府が負担しようとしているのだ。

アメリカ国民は、拡大し過ぎた住宅市場で高い値段のついていた投資用アパートを、借金をして購入している。これを政府が救うのだと言われている。しかし、そうだろうか？　実に疑わしい。ノーベル経済学賞を受賞したバーノン・L・スミスは次のように述べた。「過度に好条件で貸し出されたローンであっても、その価値の下落を防ぐために、政府が介入して価格を維持したとしても、無理だろう。住宅購入希望者がすぐさま家を買おうと思うことはないし、住宅ローンを借りようとも思わない」[*32]

連邦政府は現実との戦いに勝てない。下落すべき価格は、必ず下落してしまう。

連邦準備制度と財務省がやろうとしていることはすべて、根本原因に対処するというよりも、個々の症状への対症療法でしかない。ポールソン財務長官は、「住宅価格の下落が問題だ」と言った。ブッシュ大統領は、救済策を国民に向けて発表した際、次のように述べた。「この救済策を実施しなければ、皆さんの住宅の価格はもっと大きく下落する。この救済策は、皆さんの住宅の価格を守り、安定させるためにあらゆる方法を取ることを目的としている」

住宅価格の下落、それ自体が問題なのではない。問題は、連邦準備制度が（低金利と金融緩和で）何年も資金をジャブジャブと垂れ流したことで高騰した住宅価格なのである。住宅価格の下落は、政府の誘導による住宅価格の高騰という歪《ひず》みを照らし出しているに過ぎない。住宅価格の下落は、市場が機能することで歪みを直す方法のひとつであり、本当の資産価値を合理的に再評価することなのである。

連邦政府は、多くの人々に住宅を持ってもらいたいとして推し進めてきた。この意図から、住宅公社のファニーメイとフレディマックが創設された。しかし、この二つの公社は、不動産市場のバブル的な、異様に高騰した住宅価格をなんとか維持しようとじたばたした。「多くの人々に安い住宅を持ってもらう」という政府の目的はどうなったのか？　こんなごちゃごちゃした非常識な政策やアイディアの中に、合理的なものがあるのだろうか？

国債や借入金の支払期限が来た時に何かが起きる

政府は、資金を無から作り出すことはできない。銀行の救済策を実行するには、政府は、どこからか金を借りてくるか、紙幣を印刷するか、もしくは国民から金を奪わねばならない。増税すれば政府の歳入はいくらかは増えるだろう。これは即効性もある。金を借りてくるとなると、もう少し長い時間がかかるであろう。政府の借入が増えると、富（実需）を作り出している部門に資金が回らなくなる。資金不足によって破産しなければならない企業が増える。銀行を救済する資金を得ようとして、他の企業を犠牲にしてしまうことになる。連邦準備制度は、オバマ政権のためにもっと紙幣を印刷するのは可能だが、それによってドルの価値が下落してしまう。

このドルの価値の下落のプロセスは、二〇〇八年末から始まった。二〇〇八年九月から一二月にかけて、連邦準備制度の貸借対照表（中央銀行の帳簿）の総資産の数字が、九〇〇〇億ドル（約九〇兆円）から、二兆二〇〇〇億ドル（約二二〇兆円）に跳ね上がった。ニューヨーク・タイムズ紙は、一二月中旬には連邦準備制度の総資産は三兆ドル（約三〇〇兆円）に達するだろう、と報道した。[*33] 連邦準備制度の総資産の急増は、連邦準備制度がいかに新しい通貨を作り出しているかを如実に示している。連邦準備制度は、総資産の急増の原因となっている資産の買い取りのために、金《マネー》を何もないところから作り出さねばならない。現在、一二の連邦銀行は、連邦準備制度によって作り出された膨大な量の新しい金《マネー》を保有している。が、連邦銀行がそれを貸出に回せば、消費者物価の急騰を招くだろう。連邦準備制度が一ドルを、何もないところから生み出した場合、それは民間銀行が一〇ドルを何もないところから生み出したのと同じ効果を生み出す。それだけインフレーションが進むことになる。こうした結果を生じさせないためにも、連邦準備制度は、通貨供給を引き締めねばならなくなる。しかし、そうなると、混乱は長引くことになる。信じられないかもしれないが、こうした現在のシステムは、不安定を助長してしまうのである！（詳しくは第六章で見ていく）。

政府が何をやっても、富を作り出している部門には資金が流れない。健全な経済活動を干上がらせ、経済回復に向けて、民間が貯めてきた資本や資源を減らしてしまうことになる。こうした悪影響は目に見えにくい。生存ぎりぎりのラインにいる企業のうち、どこが実際に破綻するのかは誰にも分からない。政府が介入することで得られると言われている利益は小さいしたいしたものではない。だが、それらは派手に喧伝され、政治家が私たちに誇示する。オバマ大統領はほんの小さな成功でも実績として持ち上げられて、偉大な大統領だと称えられるだろう。政府介入に伴うコストの方は、無いもの、目に見えないものとして扱われ、賢いとされる政治家や官僚たちは意にも介さない。

アメリカ政府が、金融機関の倒産や損失を出させることよりも、金融システム全体をこのまま維持したいと望むなら、やっぱり民間部門への資金の貸出をしなければならない。そのためにはアメリカ政府自身が借金をしなくてはならない。その際にかかる金額の大きさを聞いたら、アメリカ政府に金を貸そうとする個人や外国の政府はほとんどいなくなるだろう。アメリカ政府に貸し出した金は決して返済されないことを彼らはよく分かっている。政府はやがて年金や医療保険を支払えなくなり、社会保障の崩壊が明らかとなる。そして、もうひとつの危機がそのうちやってくる。その危機は誰も予想できなかったと言い繕《つくろ》うだろう。何兆ドルもの国債や借入金を返済しなければならない。その期限が来たときに、何かが起こる。しかし、政府はそれに対処する準備が全くできていない。

二〇〇八年の大統領選挙の選挙戦の間に、オバマもマケインも、救いようのない行動や言動を繰り返した。両者とも政府による救済策に同意した。それは自然なことだ。「財政保守派(fiscal conservative)《フィスカル・コンサーヴァティヴ》」のジョン・マケインはなんと、何兆ドルかかるか分からないのに、不良債権の政府買い取りを提案した。その数日後、マケインは、オバマがシカゴのプラネタリウムに三〇〇万ドル（約三億円）の補助金をつけたと言って批判した。自分の提案したプランはその一〇〇万倍の規模になるというのにだ。[*34]

政府による救済策に行き着くまでの思考プロセスは、何も新しくもないし、驚くべきことでもない。経済学者のライオネル・ロビンズは、大恐慌時代を研究し、その結果を次のように述べた。「大恐慌時代には、金融市場、商品市場、企業の財務状態、国債などに関し、各国の中央銀行と政府は、ひたすらそれまでのシステムを維持することに汲々とした」[*35]

イェール大学のウィリアム・グラハム・サマー教授は次のように述べている。「この三〇〇年間の歴史を見ていくと、好景気と不景気による〝成功〟と〝苦悩〟の入れ替わりの歴史だったと言える。景気の後退局面になると、商品相場や土地、株式に投資していた人々は、いつも抗議の声をあげ、政治的なアジ演説を行なう。彼らの望む政策は、通貨のインフレーションと、彼らが自分の資産を処分するまでは価格をなんとか維持することである。しかし、彼らの望むことを実行したからといって、景気が回復したことはこれまでなかった」[*36]

政府の救済策は効果がないと分かっているのに、それでも政府に介入をやめさせることはできない。連邦準備制度は通貨供給量を増やし、金利をもっと低くしようとしている（短期金利はすでにゼロ金利である）。これは今までと同じだ。これらの施策で問題は解決すると考えている。しかし、ルードビッヒ・フォン・ミーゼスは次のように警告している。[*37]

波のような動きが経済システムに影響を与えている。好景気の後は不景気が来る。これは避けることができない。政府は、通貨供給量の拡大によって、市場金利の引き下げを何度も試みる。しかし、通貨供給量の拡大によってそのあと起きるバブル景気の崩壊を誰も止められない。通貨供給量拡大をそれ以上やらないと決めても、それでも危機はやってくる。もしくは、もっと悪いことに、通貨システムそのものまで含めた最終的な大混乱が起こることもあるのだ。

言い換えるなら、富を作り出すのに近道はない、ということだ。私たちは、市場に逆らって、政府介入などの人為的な方法で金利を無理に低くしても、どうせ豊かになることはできない。お金を生み出す魔法の杖は存在しないのだから、すべての人々を豊かにすることはできない。市場で決められた金利にはそれなりの理由と合理性がある。しかし、政府と中央銀行が意図的にこれに介入し、金利を操作する。すると投資家たちは誤った方向に進み、その先には破滅が待っている。もし政府と中央銀行が介入しなければ、そんなことにはならなかっただろう。中央銀行と政府は、投資家に対し、長期的な視点からの投資などしないように促す。また、彼らは、投資家たちが資本を必要としているときでも、貯蓄ではなく、消費を促進する。

政府によって誘導された投資や生産が破綻すると、とたんにいつも自由市場のせいにされる。自由市場には何の責任もない。政府による自由市場への介入、自由市場の生産と消費の自然な調整機能を発揮させないようにすること、これらが問題を引き起こすのだ。

ノーベル経済学賞を受賞したF・A・ハイエクは、市場ではなく、政府の作った機関である中央銀行が社会全体の富を増やすための近道を進もうとして、結局は、好景気の期間を短くし、不景気がすぐにやってくるようにしてしまう道筋を私たちに示している。社会全体の富を急に増やす方法など存在しない。中央銀行のいかなる試みも、経済の大不振を招く結果に終わってしまう。今まさに起こっていることがそうである。連邦準備制度が、経済の実態とはかけ離れたレベルにまで金利を引き下げたために、長期間にわたっては持続できないことが明らかだった産業部門（金融、不動産）に資本が流れ、無駄に浪費される結果となった。

ハイエクは、ノーベル経済学賞受賞者のうちでも、今の私たちが耳を傾けるべき経済学者である。次の章では、そのハイエクが打ち立てた理論をしっかりと見ていく。

［第四章］

政府が原因となるバブル景気とその崩壊のサイクル

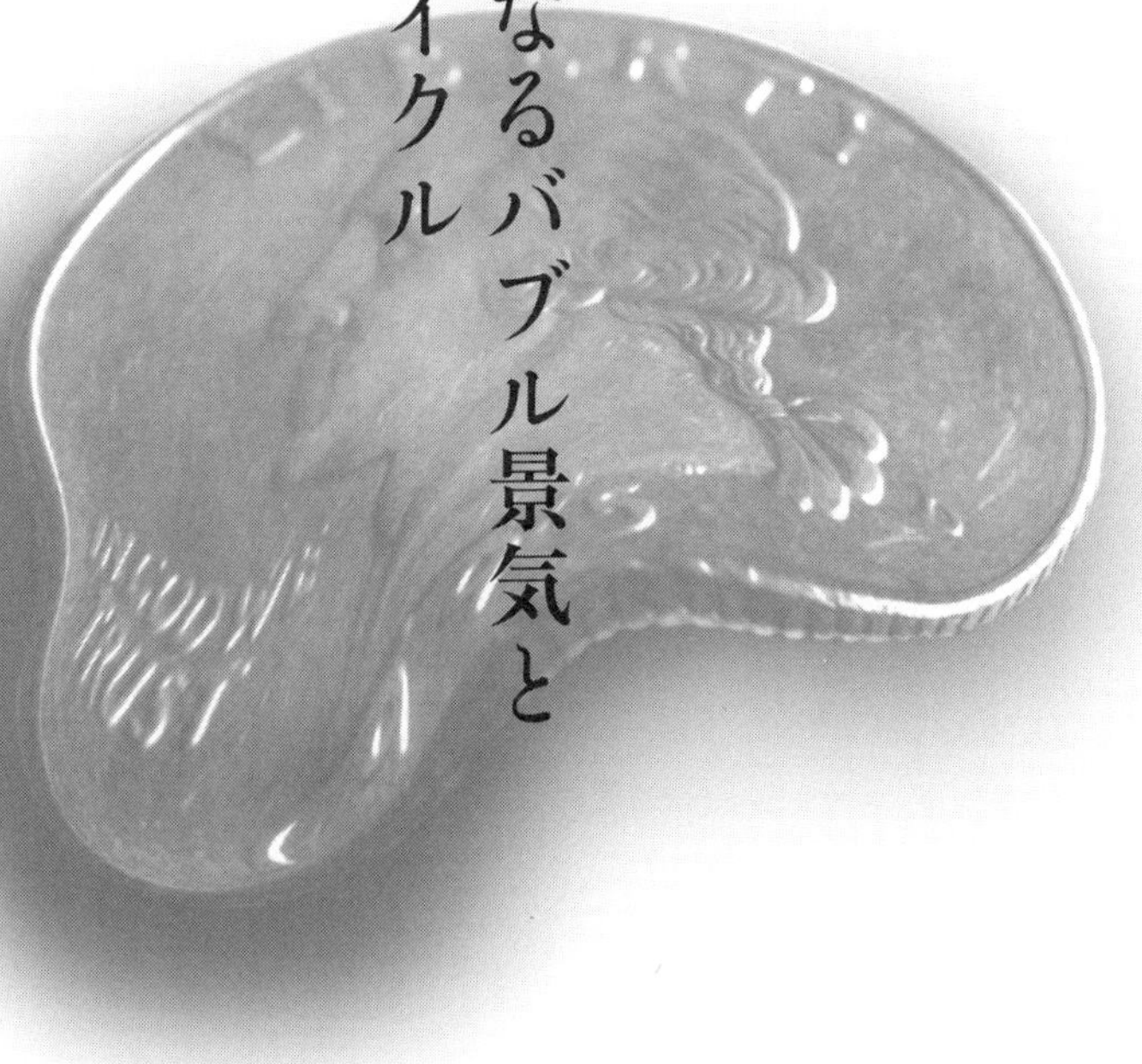

真に理解すべきは「景気循環＝ビジネス・サイクル」

「景気の良い時期の後には、必ず景気の悪い時期がやってくる。経済は、このサイクルを、際限なく繰り返す」

私たちは、これを経済の常識だと考えている。月の満ち欠け、潮の満ち引きと同じように、経済は景気の上昇と後退を延々と繰り返すのだと。

一九九八年八月から二〇〇六年八月にかけて、アメリカの全都市の平均住宅価格は一五〇％も上昇した。だが二〇〇六年からの二年間で、その価格は二三％も下落した。[*1] また、住宅差し押さえ件数と住宅ローンの滞納が急増した。

株式市場も同じような道をたどった。二〇〇七年一〇月九日、ニューヨーク証券取引所のダウ平均株価は一万四一六四・五三ドルの終値をつけた。これは史上最高値だった。その一三カ月後の二〇〇八年一一月二〇日、ダウ平均株価の終値は七五五二・二九ドルで、下落率は四六・七％だった。

景気後退は人々に痛みを与えながら発生し、進行していく。今回の経済危機では、個人の痛みがこれまでになく酷《ひど》い。アメリカの年金制度は破綻してしまった。失業率も悪化を続け、二〇〇八年一一月時点で六・七％にまで上昇した。一九七〇年代まで政府が採用していた失業率の算出方法を使うと、同じ時点での失業率は一六・七％になる。[*2] 政府が失業率の算出方法を変えたのは、アメリカの雇用状況を少しでも良く見せかけようとするためだ。

不景気になって個人の生活が脅かされるようになると、決まって政府の経済への介入が正当化される。ここでいう政府介入とは、「セーフティ・ネット」を整備することか、不景気から抜け出すための新しい規制を決めるか、それだけのことだ。不景気に陥るのは、自由市場では必ず起こることなのだ。

しかし、不景気は本当に避けられないのか。市場経済は、巨大企業が犯した言い訳できないほどの酷い過ちによって大きく揺らぐほどに脆弱なものなのか。市場の外の何かが、市場経済の揺らぎの原因なのだろうか。これは何も学問的な疑問ではない。現在、すべての経済指標が下落し、それに苦しんでいるアメリカ国民は、これらの疑問に対する答えを必要としている。また、私たちにはその答えを聞く権利がある。

政治家や、マスコミによく出る評論家たちは、次に何をすべきかを語っている。彼らは私たちに対し、再び金融溶解《メルトダウン》が発生し、不景気となっても私たちが苦しまないですむための様々な方策を提案している。彼らの提案が成功するためには、彼らが景気循環（business cycle）《ビジネス・サイクル》の諸原因を理解する必要がある。好景気から不景気へと経済が大きく振れるのはどうしてだろうか。

私たちはその答えを必要としている。

政治家たちが真剣に、そして正直に景気循環の原因を探ったら、彼らはその犯人探しの結果を快く受け入れることはないだろう。それは、犯人が「資本主義」でも、「強欲」でも、「規制緩和」でもなく、政府が創設した、ある機関が犯人だと明らかとなるからだ。

経営者たちに襲いかかる「過ちの束《クラスター・オブ・エラーズ》」

企業が倒産しても誰も驚かない。企業が生まれ、そして倒産するのは、いつでも、そしてどこでも起こっていることだ。企業家たちは過ちを犯す。消費者の需要をうまく予測できないこともある。生産コストを間違って算出することもある。また、消費者の好みを読み間違うこともある。頻繁に変更される政府の規制に合わせようとして必要な原材料の量を少なく見積もってしまう場合もある。企業家たちは、これら以外にも多くの間違いをする。企業の倒産は避けられない。私たち人間は、未来がどうなるか、確実には知ることができないのだから、企業が倒産するのは仕方がない。

しかし、数多くの大企業が同時に損失に苦しみ、倒産の瀬戸際まで追いつめられると、私たちは驚いてしまう。個別の企業が損失を出して苦しむのはよくあることだ。もう一度言うが、誰も完璧な見通しを立てることはできない。しかし、どうして多くの経営者が同時期に同じような間違いを犯してしまうのか。市場は愚かな経営者たちを追放する。経営者が資本をうまく使えず、もしくは消費者の需要をうまくつかめないなら、その経営者たちに、損失という名の罰を与える。それでも改善しない場合は市場から退場させる。それでは、何十年もの間、市場の課すテストに合格してきた経営者たちが、突然、しかも一斉に、同じ間違いを犯したのはなぜだろうか。

イギリスの経済学者ライオネル・ロビンズは、こうした現象を「過ちの束（cluster of errors《クラスター・オブ・エラーズ》）」と呼んでいる。そして次のような疑問を呈している。「様々な製造業の経営者たちが、一斉に、同じ種類の間違いをしてしまうのはどうしてか？[*3]」

ビジネスがうまくいく時期と、うまくいかない時期の繰り返しのことを、ビジネス・サイクル（business cycle《サイクル》）、トレード・サイクル（trade cycle）、もしくは好景気・不景気循環（boom-bust《ブーム・バスト》 cycle）と呼ぶ。どうしてこのパターンが起こるのか？　このようなパターンが起こるのは、カール・マルクスが主張したように、市場経済に元来備わっている特徴なのだろうか？

この疑問は現在の私たちにとっても重要である。それは、オバマ政権が、金融溶解《メルトダウン》の原因を「規制緩和」と市場それ自体であると判断し、政府の介入によって金融溶解を解決すると主張しているからだ。金融溶解によって味わった痛みを再び繰り返さないためにも、私たちは、どうして金融溶解が起きたのか、その原因をしっかり理解する必要がある。そして、景気循環を起こす原因は何かを明らかにする必要がある。

歴史的な事実の中にその手掛かりはある。資本財産業（商品生産に用いる製品や機械類などを作る製造業）へのバブル崩壊の影響は甚大である。一方で、消費財産業に対する影響は中程度にとどまっている。資本財とは、資源産業、建設業、金融業などが産み出す製品を意味する。消費財とは、鉛筆、帽子、写真フレームといった商品である。言い換えるならば、消費者が実際に買うような製品はバブル崩壊の影響をそこまでは受けなかった。ところが、高度な製造過程によって生産されたような、最終消費財ではない製品はバブル崩壊の影響をまともに受けた。どうしてこんなことが起きるのだろうか。

「金利とは、お金につく値段である」

経済学者のF・A・ハイエクは、一九七四年にノーベル経済学賞を受賞した。授賞理由は、景気循環理論（theory of the business cycle《セオリー・オブ・ザ・ビジネス・サイクル》）を発展させたことであった。この景気循環理論は二〇〇八年の金融危機についての大きな説明力を持っている。これまでの金融危機を多くの経済学者たちは説明できなかった。ハイエクの業績は、経済学者のルードビッヒ・フォン・ミーゼスが発展させた理論に基づいている。ハイエクは景気循環における中央銀行の果たす役割について解明した。アメリカの場合、中央銀行とは連邦準備制度である。連邦準備制度は、経済の守護者、不景気からの回復機能を果たす機関と考えられてきた（第六章で、連邦準備制度そのものと機能についてさらに検討する）。この章では、以下の事実を押さえておくだけでよい。一九一三年に連邦準備制度設置法案が議会で可決された。翌一九一四年に連邦準備制度が創設された。その機能は、通貨を供給することと、金利の上げ下げに大きな影響を与えることであった。

経済全体にかかわる問題点の原因を探るには、通貨供給について見ていくことが大事だ。それは、通貨というものは、市場のすべてを示す指標となるからだ。経済学者ライオネル・ロビンズはこのことを、一九三四年刊の著書『大恐慌』の中で次のように指摘している。「あらゆる産業部門に対して一斉に影響を与える経済の大混乱は、通貨にその原因があると考えるのが現実的である」[*4]

景気循環が起きる原因は、中央銀行による金利への介入だということが分かってきた。金利は、お金につく値段のようなものだ。借入金もしくは貸付金は商品であり、人々は、あ

F・A・ハイエク

る値段を払ってその金を借りるのだ。預金する、もしくは公債を買うなどしたら、その人は、金の貸し手となる。金利とは、あなたの保有するお金に対して支払われた値段なのである。

様々な商品と同様に、貸出可能な資金の「供給」は増減する。そして、資金の「需要」もまた増減する。供給と需要によって値段、即ち金利が決まる。よって、人々がより多く預金をし、それを元にして銀行が金を貸し出す場合、お金を借りるための値段はそこまで上がらない。つまり、金利は下がる。逆に、借り手が増えて貸出資金が減れば、金利は上昇する。

自由市場では、これまで述べてきたように、金利の上昇と下落が起きる。市場では、供給と需要によって価格が決まる。この自由市場の機能によって経済の健全性が保たれる。

人々の預金量が増えて貸出資本が増大し、金利が下がった場合から考えてみよう。企業家の立場からすれば、低い金利によって、金利が高いと実現困難である長期的なプロジェクトの計画を立てやすくなる。企業家は、低金利を利用して、将来の生産性を向上させるための長期的なプロジェクト計画を立てる。例えば、今ある施設の増設、新しい工場の建設、資本の増強などを行なう。

預金者の立場から考えてみる。人々が預金するということは、現在、金を使うつもりはないということを示している。これは企業家にとって、今現在の生産力向上のために投資するのではなく、将来のために投資する誘因ともなる。企業家は、長期間にわたる投資を行なうことで、今現在の生産と販売ではなく、将来の生産性向上に備えるのだ。

人々が現在もっと消費することを選択し、預金を減らした場合、企業家が長期的なプロジェクトに使うために銀行から借り入れることができる資金量が減ってしまう。そして金利が上昇する。消費者が今お金を使うのであれば、現在の生産と販売を強化することが望ましい。

こうしたすっきりした動きを簡単に表現すると、「金利が、生産を調整する。そのとき時間が重要な要因となる」ということになる。市場のアクターたちも金利決定の要因となる。人々が今消費を望むなら、企業家はそれに対応する。人々が将来の消費を望むなら、企業家は、消費者の希望に沿う形で資本などを配分する。人々が今ある消費財を消費している状況なら、企業は、生産性の向上に資本をそこまで注入しない。

連邦準備制度が介入してもたらされる「実体なき経済」

金利が通貨量の調整機能を果たせるのは、供給と需要の変化に自由に対応し、上げ下げが行なわれる場合に限る。もし連邦準備制度が人為的に金利を操作したら、この調整機能が奪われてしまうことになるのだ。

後で見ていくことにするが、連邦準備制度は金利を上げ下げするための多くの道具を持っている。そうした道具は、主に金利を下げる場合に使われる。

これまで見てきたように、自由市場で金利が下がるのは、人々の預金が増えるからだ。しかし、連邦準備制度が意図的に、そして人為的に金利を下げると、金利は消費者の需要と経済の状態を正しく反映しなくなる。人々は実際には預金を増やしておらず、現在の消費を減らそうとはしていない。意図的な低金利は投資家たちを誤った方向に導くことになる。投資家たちは、通常であれば利益が出ないので投資はしないと判断するような状況下でも、利益が出ると考えてつい投資をしてしまう。経済全体から見ると非合理的な投資判断がなされ、その投資行動は誤ったものとなる。

連邦準備制度は、金利を低く設定した。貸出を増やそうとして企業家たちは、今のうちに長期プロジェクトへの投資をしておこうと考えるようになる。しかし、人々は、貯蓄を増やして消費を先延ばしするという行動を取っていない。人々は、企業が長期プロジェクトに投入する資源を増やしても大丈夫だ、というサインを送ってはいないのだ。[*5]

企業の計画した長期プロジェクトが完成したときに、預金者の預金額が低く、将来の購買力が期待できなくなる。そうなると企業家たちは、プロジェクトを現金化(liquidate《リクイデイト》)しようとする。即ち、売却しようとする。

中央銀行による金利の引き下げは、市場の動きとのミスマッチを起こす。時間という要因を入れた生産調整が歪《ゆが》められる。遠い将来に実を結ぶはずの長期的な投資は、消費者が今すぐ消費をしないという意思を表明するときにだけ成功する。消費者が預金することを選ばない。それは別の言い方をすると、「消費者が高度な生産のための資源を放出（release《リリース》）しない」ということになる。

消費者が高度な生産のための資源を「放出する」とはどういう意味か？　まずは収入を、あなたが作り出した、もしくは作り出すのを手伝ったモノやサービスの代償だと考えてみよう。あなたが経済活動のために使うお金が少ないほど、また自分で消費する品物を買うためのお金を減らし、そして預金に回すお金が多くなると、生産者が引き出すことができる実質的な預金量（real savings《リアル・セービングス》）の総額は大きくなる。それだけお金を借りやすくなるのだ。

その反対に、人為的に金利が低いと、人々は預金をせずに消費をするようになる。投資家たちは、資源により多く投資するようになる。経済は同時に、消費と投資という二つの方向に拡散するようになる。資源は長期にわたって、誤って配分されるようになる。

その結果、企業が長期プロジェクトを完成させたときに、労働力、素材、部品など、経済学者が「補完的製造要因」と呼ぶ資源は不足する。実質預金の総計は企業家が期待したよりも小さいものとなり、補完的製造要因もまた、期待よりも少なくなってしまう。従って、部品、労働力、その他の資源の価格が企業家の見込みよりも上昇する。生産コストが上昇してしまうのだ。企業は予想していなかったコスト増のために、資金を再度借りねばならない。借入金の需要増は金利を上昇させる。その結果、企業の長期プロジェクトは資金不足に陥り、完成しない。しかし、投資家たちは、低金利なのだから資金を借りてしまおうと考えてしまう。

言い換えれば、経済は、投資プロジェクトをある程度は支援することができる。金利は、どれくらいのプロジェクトが始められるのかを示すバロメーターになる。それによって、全預金高で支えられる長期プロジェクトの数を制限できる。金利が政府の介入によって意図的に低く設定された場合、貸出量が増え、より多くの長期プロジェクトが開始される。しかし、すべての長期的プロジェクトを完成させるための資金など存在しないのだ。そして、どこからかその資金を調達することもできない。そんなマジックみたいなことはできないのだ。[*6]

さらに述べると、人為的に低く設定された金利を考慮に入れて始められた長期プロジェクトの「内容」は、自由市場で決められた金利を考慮に入れて始められたプロジェクトとは異なる。ミーゼスは、ある譬《たと》え話を使ってそれを説明している。ミーゼスは、人為的に金利を低くすることによる影響と、大工が家を建てる際に、実際よりも多くの建材（煉瓦など）を持っていると考えていることを比べている。大工は、実際に自分が使える建材の量を知っている場合とは異なるサイズと建材の配分をした家を建設しようとする。当然大工は建材が足りないので家を完成させることができない。自分の使える建材の量に気づくのが早ければ早いほど、大工は、自分の計画を変更し、自分の労働と建材の無駄を少なくすることができる。もし大工が建築の最終段階で建材が足りないと気づいたら、彼は完成目前の家を壊さなければならない。大工はもちろん社会さえもが、資源を無駄に浪費してしまったことになる。[*7]

短期的に見れば、中央銀行の介入によって金利を低くすることは、バブルが膨張している時期には繁栄をもたらす。株価と不動産価格は急上昇する。建設ラッシュが始まり、多くの企業が生産力を増強する。人々は高い生活水準を享受する。しかし、経済は実体のないものであり、人々は、やがてその現実に気づかされるようになる。過剰な投資はいつまでも続かないことが明らかになり、やがて止まってしまう。それまでに投入された資源は無駄に消費されてしまうことになる。[*8]

「好景気は永遠に続く」というケインズの幻想

連邦準備制度が大盤振る舞いの貸出を持続しても、経済の良い状態を続けることができないのには一つの理由がある。[*9] 経済学者のジョン・メイナード・ケインズの理論は、「スタグフレーション（stagflation）」の発生を説明できなかったため、一九七〇年代にはアメリカ政府内での信頼をすっかりなくしてしまった。ケインズは次のように書いている。「バブル景気の後遺症を癒《いや》すのは、高金利ではなく、低金利である。低金利を維持することで好景気を維持することができる。不景気から好景気へとサイクルを動かすには、バブル景気を否定し、常に半分不景気のような状態にしておくのではダメだ。好景気を維持するには、経済を常に半分バブル景気のような状態にしておくことだ」[*10]

　ケインズがこのような幻想を語るのはいつものことだった。連邦準備制度が通貨供給量を増大させれば、その跳ね返りは大きくなる。[*11]連邦準備制度が人工的に貸出を増やすようになると、資本の構成がおかしくなる。それによってバブル経済の崩壊は避けられなくなり、その衝撃はより大きくなる。それは、資本が無駄に使われ、資源が誤って配分されてしまうからだ。

ジョン・メイナード・ケインズ

　連邦準備制度が経済への介入を続ければ続けるほど、経済は持続不可能な方向に進むようになる。それはミーゼスの譬え話の内容のようなものだ。大工が自分の使える煉瓦の数を誤って認識していると、働けば働くほど、家が完成しなくなってしまう。大工が自分の持っている煉瓦の数を分かっていれば、ちゃんと家を建てられる。しかし、大工が煉瓦の数が実際よりも多いと思えば、計画よりも大きな家を建てようとする。さらには、建材が足りないために家を完成できなくなる。

バブル景気がもはや続かないとなると、流動化（liquidation《リクイデイション》）の圧力が強まる。つまり、バブルが続かないので、持っている装備や設備を売却し、現金を確保しようとする圧力が出てくる。過剰に投資された資本で回収可能なものは、他のもっと緊急に資本を必要としている事業に回される。ミーゼスは次のように警告している。

「連邦準備制度が流動化の圧力を無視して過剰に通貨供給を続けると、ハイパーインフレーションに陥る危険性が高まる。ハイパーインフレーションによって、通貨の価値は大きく下落することになる」

ハイパーインフレーション、もしくはハイパーインフレーションの発生を恐れて中央銀行が貸出量を増大させる政策を停止することが原因で、バブル経済の崩壊がもたらされるわけではない。人為的に低く設定された金利もまた、ベンチャーキャピタル（長期的な投資）と消費財生産（短期的な投資）を刺激する。そして、長期、短期両方の投資で経済を拡大させる。しかし、資本の蓄積や中期的な投資は行なわれない。政府が通貨供給を続けることで好景気を維持しようとすると、ベンチャーキャピタルに回る資本は増えるが、消費材の生産に投資される資本が減る。その結果、消費者への消費財の供給量が減る。市場のアクターたちは、資本を蓄積するよりも、ベンチャーキャピタルと現在の消費財の両方に対して資本を投入するようになる。

このため、資金不足が生じ、バブル景気を支えられなくなる。バブル景気はついに終焉を迎える。このプロセスについて簡単に知りたければ、ロバート・P・マーフィーの記事「資本理論の重要性」(二〇〇八年一〇月二〇日、http://mises.org/story/3155) を参照するとよい。

大恐慌時代、F・A・ハイエクは、大恐慌から脱するために人工的にインフレーションを起こそうとして、金利を低くしたままにしようとする人々を次のように叱った。

過去三年間のバブル景気で資本や資源の誤った配分が行なわれ、現在、現金化の動きが大きくなっている。現金化の動きを防ぐため、あらゆる手段が取られた。そのうちのひとつは、繰り返し試されるが成功したためしがなく、今回の大恐慌でも初期段階から使われた。それは貸出枠を増やすことであった。

貸出枠を強制的に増やすことで恐慌と戦おうとするのは、病気をもたらした方法そのもので、病気を治そうとするようなものだ。低金利を利用して、完成する見込みのない長期プロジェクトに投資が集中したことでバブルが発生し、それが崩壊した。人々は今それぞれの痛みに堪えている。そこで貸出を増やしたら、間違った方向にさらに進むことになる。貸出枠の増大が止まった時点で、危機は大変深刻なものとなってしまう。貸出枠の増大と経済危機が発生したときに流動化を防ごうとする試みによって、恐慌の深刻さが増し、さらに長期化することになる。[*12]

景気後退、もしくは恐慌が発生するのは必然である。バブル景気の時期に誤った投資が行なわれ、それが明らかになり、現金化が行なわれる。それによって、資源がうまく配分されるようになり、消費者が本当に望んでいるものを製造できるようになる。富や資源が持続不可能な投資に投入されることはなくなる。継続不可能な投資とは、不正確な需要見込みと不十分な資源によってなされる、資金が浪費されるだけの投資のことだ。実態の伴わない事業は失敗し、投資プロジェクトは中止される。

多くの人々にとっては苦痛であるが、景気後退や景気循環の恐慌局面は、決して悪い局面ではない。バブル崩壊の時期とは誤った投資と資本の配分から脱却し、経済を持続可能な生産構造に再編成できるようにする時期のことだ。バブル崩壊期を経ることで、経済の健全性は回復する。バブル勃興の時期に損失の原因が生み出される。崩壊への偽りの繁栄の時期である。この時期に人為的な低金利が維持されれば、資本が誤って投入され、持続不可能な投資が継続される。本来なら消費者需要を満たすために使用されるべき資源も、一時的で人為的なバブル景気によって、無駄な部門へ投入されるようになる。先述の例でいえば、計画を誤って実行した大工は、完成できない家の壁を壊す時点で損失を発生させているのではない。煉瓦を広く積んでしまった時点で、損失は発生しているのだ。失業や倒産を好む人などいない。しかし、人為的なバブル景気がこれほど長く続かなかったら、失業も倒産もここまで酷いものにはならなかっただろう。

ここまで見てきたように、オーストリア学派の経済理論は、二つの根源的な疑問に答えを出している。「間違いの束」が起きたのは、人為的な低金利によって企業家たちが誤った方向に導かれたからだ。彼らは、経済全体において、蓄えられた資源が実際よりも多いと考えて投資の決断をしてしまった。そうした資源は実際にはないので、新たに決定された投資プロジェクトが完成することはなかった。生産財生産におけるダメージの方が消費財生産よりも深刻になった。なぜなら生産財の生産部門の方が、金利の少しの上げ下げに敏感であり、金利が少し下がれば、莫大な投資がなされるからだ。[*13]

投資アドバイザーのピーター・シフは、「人為的に作り出されたバブル景気と、町に二、三週間滞在するサーカスの興業は実によく似ている」と述べている。サーカスが到着すると、一座の出演者や観客は、その町のレストランや商店にとって良いお客となる。そこで、レストランのオーナーがこの繁盛が永久に続くと考えてしまったと仮定しよう。オーナーはレストランの拡張や支店の開店を決める。だがサーカスが町を離れたらすぐに、「自分は間違った計算と決断をした」と気づくはずだ。[*14]

この見通しの甘いレストランオーナーが苦境を脱するために、自分の誤った決断を基とする計画をそのまま進めてよいものだろうか？　言い換えるならば、銀行が通貨を何もないところから新たに作り出し、その通貨を見通しの甘いレストランオーナーに貸し出し、彼のビジネスが利益を出せるようにすべきかということだ。通貨を新たに刷ることは、何か新しいモノを作り出すということを意味しない。その新しく作り出された通貨をオーナーに貸しても、今ある資源を購入しやすくするだけの話だ。そんなことをしたら、消費者が真に求めている事業にその資源が回らなくなる。金を借りやすくしても、結局は、資源の誤った配分を続けるだけの話だ。

このレストランはバブル景気に乗った事業であり、サーカスのもたらした一時的な好景気の下でしか繁盛しない事業だったのだ。そんな商売は必ず失敗する。だから一刻も早く倒産させて、資源をもっと重要な事業に回すようにすべきだ。

もう一つ覚えておくべきポイントがある。それは、すべての企業が人為的に起こされたバブル景気に影響されるということだ。人為的に起こされたバブル景気によって企業は新しい投資プロジェクトを開始する。が、それだけでなくバブル景気の下で資金が借りやすくなるので、新たに生まれる企業もある。それらすべてがバブル崩壊によって大きな影響を受けるのである。

二〇〇〇年のＩＴバブルの絶頂期に、バブル期よりもかなり前に設立されていたマイクロソフト社は、オーストリア学派が予想した通り、生産要因の不足に直面した。マイクロソフト社は多くの社員を雇ったが、それでも有能な社員を必要な数だけ採用することはできなかった。[*15]

ミーゼスは次のように書いている。「生産の拡大を継続させるためには、貸出を増やすことが必要だ。企業家たちは、生産コストが上昇しても生産を拡大しようとする。そのためには資金が必要となる」[*16]

ルートビッヒ・フォン・ミーゼス

景気循環を早める要因は、市場経済それ自体とは何の関係もないと認識すべきだ。景気循環を早める要因、それは政府の金利引き下げ政策にある。政府は、自由市場で決まる金利よりも低い金利を設定する。中央銀行は、議会が可決した法律によって設立されたれっきとした政府機関である。中央銀行の幹部は政府によって任命され、政府に保証された独占的な特権を享受している。

もう一度繰り返す。中央銀行の経済への介入は景気循環を引き起こす。だから中央銀行は自由市場にそぐわない機関である。

「景気循環理論」を改めておさらいする

オーストリア学派の景気循環理論を簡単に要約すれば、次のようになる。

[一] 金利は次の二つの方法で引き下げられる。

(A) 人々が預金量を増やす。

(B) 中央銀行が人為的に引き下げる。

[二] 企業家は低金利に反応して、新しいプロジェクトを開始する。そうしたプロジェクトは、金利の上げ下げに敏感な種類のプロジェクトである。高度な生産活動への投資が増える。たとえば、鉱山経営、鉱物資源、建設、金融資本などの分野で新しいプロジェクトが始まり、投資も増える。一般的な消費財よりも生産プロセスが長期にわたる資本財への投資が増える。

[三] 中央銀行による操作などの人為的な要因によって金利が引き下げられる場合、すべてのプロジェクトが完成することはない。これらのプロジェクトすべてを完成させるだけの資源や資本を人々は貯蓄していないからだ。投資家たちは、持続不可能な方向へ生産活動を誤って導かれてしまう。

［四］自分が実際に持っているよりも二〇％少なくしか煉瓦を持っていなかった大工を思い浮かべてみよう。彼は、実際の煉瓦の数が分かっていれば作ったであろう家とは、異なる形の家を建てようとする。ここでは煉瓦は買い足せないものとする。家の大きさは異なるだろうし、形も異なるだろう。彼が自分の間違いに気づかないまま建設を進めれば進めるほど、見積もりとは大きく異なってしまう。建設の最終段階で間違いに気づいたら、彼は完成間近の家を壊してしまわねばならない。それまでに投入された資源と労働は無駄になり、社会もそれだけ貧しくなってしまう。

［五］経済は、［四］で書いた大工のようなものだ。金利を自由市場が決定するよりも低く設定することで、企業家たちは、「資源は実際よりも多く存在する」と考え、行動する。そうした新しい投資の一部は、無駄な投資となる。想定通りの資源があれば完成するが、今ある資源では完成できないプロジェクトへの投資が行なわれてしまう。

［六］住宅バブルは、この理論の具体例となっている。人為的に低く設定された金利によって、住宅建設に莫大な資源が誤って投入されることになった。今となっては住宅バブルが持続不可能であったことは分かる。九〇万ドルの家をほとんど貯金のない人々が競って購入したのだ。こんなことが続くわけがない。

［七］通貨供給の操作の終了が早ければ早いほど、間違った投資は終了し、間違って配分され

た資源が、持続可能な分野に再配分されるようになる。私たちがバブルを継続させようとすればするほど、不可避的にやってくる崩壊はより深刻なものとなる。先述の例で言えば、大工は間違いに気づくのが早ければ早いほど、より早く軌道修正することができる。それは、資源の無駄遣いを少なくすることができるからだ。経済にも同じことが言える。

持ちこたえれば持ちこたえるほど、傷は大きく深くなる

オーストリア学派の理論への論理的な反論は次のようなものだ。企業家たちはどうして、預金の増大による金利の低下と、連邦準備制度が介入して起こる金利の低下を区別することができないのか？　企業家たちはどうしてオーストリア学派の景気循環理論を学ばず、連邦準備制度が人為的なバブル景気を作り出そうとするときに、投資を思いとどまれないのか？

これらの疑問に答えを出すのはそう簡単ではない。ほとんどの経済学者は、オーストリア学派の景気循環理論について何も知らず、ビジネススクールで教えられることもほとんどない。オーストリア学派の景気循環理論を知っていて、連邦準備制度が人為的に金利を下げていることを知っている企業家たちも、低金利なので資金を借りて新しいプロジェクトを始めたいと思う。そして、バブルが崩壊する前にプロジェクトが完成する幸運を願う。もし彼らが手をこま

ねいて何もせず、低金利を利用しなければ、競合他社たちがマーケットでのシェアを増やしてしまうかもしれない。いずれにしても誰かが誘惑に引っ掛かるというわけだ。

オーストリア学派の景気循環理論は、恐慌の期間と持続性を説明するための理論ではない。この理論は、必ず崩壊へと至る人為的に作り出されたバブル景気について説明するための理論である。バブルの崩壊の期間は、政府が、労働と資本の配分を歪めると長期化してしまう。価格統制、緊急融資、「流動化」策、通貨インフレなどの政府の介入によって、長期間にわたる不況が続く。これら政府の介入策は一時的な不況の緩和を目指している。

政府は、何もないところから紙幣を刷り出し、金利を人為的に低くすることで、経済の後退局面から脱して景気を良くしようと試みる。そうした試みは結局、バブル崩壊を招いてしまう。しかもその崩壊は深刻なものとなる。通貨を操作してみても、バブルは崩壊する。「政府の介入によって景気は良くなる」というのは迷信にすぎない。経済が持続可能な状態に戻った場合、見込み違いの投資は止められ、現金化される必要がある。間違った投資は、促進されたり、補助されたりしてはならない。

状況が分かっていない人々は、バブル景気を継続させるために通貨供給の継続を求める。その数が二〇〇八年秋以降、急速に増大している。ポインティン・ヨーク社のストラティジスト、ロジャー・ナイチンゲールは二〇〇八年、世界各国の中央銀行が金利を「ゼロ」にするように求めた。そんな輩《やから》はいくらでもいた。ナイチンゲールは次のように書いている。「私は重要なポイントを五〇も挙げているのではない。ただ一つ。金利をゼロにすべきなのだ。ヨーロッパ各国も、イギリスも、金利をゼロに近づけるべきだが、日本もそうすべきだが、日本はそもそもゼロ金利に近い」。ナイチンゲールは「ゼロ金利でも十分ではない」とも述べている。

バンク・オブ・イングランドのマービン・キングは次のように述べている。「金利を必要なレベルまで引き下げる準備はできている。金利をゼロまで引き下げることができる」[*17]

今までの恐慌に比べて今回の恐慌が酷い状況にあるのはあらゆる人が理解できるはずだ。現在、多くの金融アナリストが、ケインズ主義者たちが夢想するゼロ金利を主張し、それが真面目な政策提言であるかのようにその必要性を主張している。このいい加減な提案によって、バブル景気による資源の間違った配分が永続し、悪化するのであり、未来の経済危機をより深刻化させる。しかし、ゼロ金利を求める主張が現在のアメリカの経済政策の中心になっているので、連邦準備制度が二〇〇八年一二月中旬に金利をゼロに近づけたが、誰も驚かなかった。FFレートの目標は〇%から〇・二五%に設定された。[*18]

物価や賃金を維持しようという試みは行なわれない。市場がうまく機能していたら資源や労働力は、健全な経済が必要とする産業部門に自然と振り分けられるはずだ。しかし、実際には、物価と賃金は人為的に固定されており、自然な再配分はうまくいかず、景気回復は遅くなる。

人々の常識とは異なり、大恐慌時代、労働者の賃金は高かった。しかし、それが問題だったのだ。賃金は当時、政府が介入して強制的に高く固定されていた。だが、それによって雇用は減り、失業者が増大したのだ。

公共事業による景気刺激という愚行

ケインズ主義者たちの主張する「呼び水的経済政策（pump-priming《パンプ・プライミング》）」もまた、経済を悪化させる。呼び水的経済政策とは、政府が国債や公債を発行してお金を借りて、「公共事業」に支出することである。これもまた現代の迷信である、「経済を回復させるにはとにかく支出せよ」という考えに基づいて行なわれる。この迷信が、民主党の議員たちが実行を求める「景気刺激策（stimulus packages《スライミュラス・パッケージ》）」の基礎となっている。共和党の主張する景気刺激策は、何もないところから通貨を新たに発行し、人々に小切手（商品券）の形で配るという戦略を採っている。そんなことをしても景気は良くならない。「資源を特定の部門に回せば、経済全体が上向き、私たちは豊かになれる！」ということらしい。経済史家のロバート・ヒッグスはこうした景気刺激策について、「プールの底から水を取り、それをプールに流し込んで、水位が上がるのを期待するようなものだ」と述べている。

市場がきちんと機能していれば、様々な部門において、資本と労働力の配分は適正化される。富を浪費している無駄な投資を現金化し、資源が健全に成長する部門に回るようになる。追加的な公共事業支出など経済には不要だ。それには三つの理由がある。

［一］公共事業支出を行なうために人々に税金を課すので、民間に回る資源が減少する。

［二］公共事業支出によって、本来なら倒産し、清算されるべき企業にお金が回ってしまう。

［三］公共事業支出のための資金を得るために、政府は国債や公債を発行する。政府が借入を増やすことで、人為的に金利が上げられる。それによって銀行からの借入がより難しくなり、消費者の需要に実際に対応する企業の資金確保が難しくなる。

これらに加えて、公共事業は、バブル景気崩壊後の脆弱な経済に必要ではないものだ。バブル崩壊後の時期は、消費者需要が高い製品の生産に資源を回し、無駄はできるだけ省かねばならない時期だ。しかし政府は、何をどれくらい、どの原材料を使って、どのような方法で製造するかについて何も知識がない。

民間企業は損益計算を行ない、自分たちの製品やサービスが消費者のニーズにどれくらい適応しているかをいつも調べている。企業が利益を上げれば、それは、市場が企業の決定を受け入れたということになる。企業は資源や労働力を効率的に投入し、製品を生産する。それが消費者に評価される。その製品の生産に投入された資源や労働力の総計よりも価値が高くなるので、利益が生まれる。

企業が損失を出した場合、その企業は、経済において消費者のためになるはずだった資源を無駄遣いしたことになる。政府にはそのような評価メカニズムは存在しない。それは、彼らが行なう施策に必要な資源を民間部門のような自発的な方法ではなく、市民からの強制的な税の徴収という方法で得ているからだ。そして、政府の作ったものを買う、買わないを消費者は選択できない。市場における生産の目的とは、消費者需要を満たすことである。政治的な意図をもって恣意的な資源配分をすると、経済の長期的な成長は妨げられてしまう。従って、経済危機によって人々の生活水準が下がっている時期に公共事業を行なうのは資源の無駄遣いである。この時期は、今ある資源を効率よく使わねばならない。

国家はまた、失敗した事業を助けるために緊急貸出を増やしたいという誘惑と闘わねばならない。その企業が健全ならば、資金は民間部門から得られる。健全でなければその企業は倒産し、資源はより健全な他の企業に回ることになる。だが、消費者の需要に応えている企業から資源を奪い、そうではない企業に回すことで、経済は弱くなり、景気回復は遅くなる一方だ。サーカスは町を離れないなどと考えるレストランオーナーに補助金を出したり、資源を回したりすることで、経済は悪化するのである。

ＩＴバブルの崩壊は何よりの実例である

今回の経済危機が発生する前、ＩＴバブルが発生した。これは、オーストリア学派の景気循環理論が説明できる、最新の出来事である。

一九九五年八月九日はネットスケープ社にとって素晴らしい日となった。ネットスケープ社は、社名と同じインターネット・ブラウザを創設し、人気を誇った。その日、ネットスケープ社は株式公開（initial public offering《イニシャル・パブリック・オファリング》, IPO）を行なった。株式を一般の投資家も買えるようにしたのだ。その日、二八ドルで取引が開始され、終値は約三倍の七五ドルまで上昇した。ネットスケープ社はそれまでただの一ドルの利益も上げていなかったが、共同設立者のジム・クラークは株式の二〇％を保有し、その保有株式の評価額は六億六三〇〇万ドル（約六六三億円）にまでなった。

ネットスケープ社の株式公開は、ＩＴバブルの始まりを意味した。それから五年間インターネット関連会社の株価は上昇するが、二〇〇〇年に急落してしまうのだ。その狂乱の時期、アラン・グリーンスパンは、「〝新しい経済〟が生まれ、以前であれば制約であったものが制約ではなくなった。この好景気は崩壊することはない」と主張した。しかし現実には、ＩＴバブルははじけた。オーストリア学派の景気循環理論が予測した通りとなったのだ。

バブルが崩壊するための、すべての要素が揃っていた。連邦準備制度による通貨供給量の拡大に伴う低金利がまず挙げられる。「マネー・ゼロ・マチュリティ（Money Zero Maturity, MZM）」という指標を使って調べてみると、一九九五年六月から二〇〇〇年三月までの間に、通貨供給量は五二％も増加した。一方で、実質GDPの増加率は同時期、二二％であった。[*19] 同時期、インターネット関連企業はプログラマー、シリコン・バレーの用地、インターネットのドメインなどの補完的資本財を必要としていた。だがそれらがかなり不足し、価格が上昇した。政府の統計指標では物価全体の上昇は低い水準か、中水準にとどまっていたが、それらの指標にはインターネット関連企業の必要とする資本財の価格は含まれていなかった。政府統計に重要な価格が反映されていなかったのである。インターネット関連の資本財の価格が急上昇したことによって、ITバブルは崩壊したのである。

オーストリア学派の景気循環理論によれば、経済は次のような動きを示す。
[一] 間違った投資がなされ、現在の資源量では完成できないほどのプロジェクトが開始される。
[二] 同時に、過度の消費が発生する。
この動きはITバブルが示したデータ通りである。アメリカの貯蓄率は二〇〇〇年まで下が

り続け、アメリカの平均世帯の家計に占める負債の割合は史上最高を記録した。その時期、シリコン・バレー地域に対する投資は二三三％も増加した。[20]消費者が貯蓄をせず、借金を重ねたら、投資プロジェクトを完遂するだけの資本や資源が生み出されないのだ。ここで生まれたミスマッチはいつまでも続かなかった。

同時期、ナスダック（NASDAQ）には多くのインターネット関連企業が株式を上場していた。連邦準備制度の通貨供給政策によってＩＴ関連部門が歪《ゆが》められ、膨張していたことが分かる。ナスダック上場の企業の株価収益率（price-to-earnings ratio《プライス・トゥ・アーニング・レイシオ》, P/E ratio）は全体的に低く、その比率は一対一〇か、それ以下であった。理論的に言えば、企業の年間利益の一〇倍の資金を用意できれば、その企業を買い取ることができる。一九九〇年代末、この株価収益率は大変高く、利益を上げている企業を買い取るには、年間利益の何百倍もの資金が必要とされていた。[21]ちょうどこの時期、グリーンスパンは「金融部門でバブルが発生しているとは言えない」と主張していた。ＩＴバブルは二〇〇〇年に崩壊した。ナスダックでは、平均株価が四〇％も急落した。[22]

一九九九年六月から二〇〇〇年五月にかけて、連邦準備制度は通貨供給を引き締め始めた。公定歩合は六回も引き上げられた。評論家の中には、グリーンスパンがＩＴバブルの景気を減速させ、「新しい経済」をダメにしたと非難する者がいた。「連邦準備制度が通貨供給を止めなければ素晴らしい未来が待っていたのに」と主張する人々が多くいた。しかしそれは間違っている。バブル景気が続くために必要な産業の生産財の価格が急激に上昇し、それがバブル崩壊を招いたのである。生産財には、インターネット技術者、管理職、事務所、従業員のための社宅などが含まれている。プログラマーの給料はＩＴバブルの期間で二倍以上になった。ドメインの価格も急上昇した。一九九六年に「tv.com」の値段は一万五〇〇〇ドル（約一五〇万円）だった。それが一九九七年には、「business.com」の値段は一五万ドル（約一五〇〇万円）にもなった。また、インターネット関連の部品の価格がいくらになるか、誰にも予想ができなかった。*23

ＩＴバブルの崩壊とナスダックの株価下落、それに続く中程度の景気後退を受けて、アラン・グリーンスパンと連邦準備制度は、大規模なインフレーション誘導政策を開始することを決定した。二〇〇一年初めから、一一回の金利引き下げ、ＦＦレート（銀行間の貸借の金利）を引き下げ、二〇〇三年六月から二〇〇四年六月まで、その数字は一％になった。*24

二〇〇三年から二〇〇四年にかけて、金利引き下げが一一回も行なわれた。しかし、ＩＴバブルは再び起きなかった。資源の間違った配分は経済の健全性を損なうものであった。しかし、連邦準備制度は、金利引き下げで貸出量を増やし、二〇〇〇年の景気後退をそのまま収束させることを拒絶した。その後、再び、大規模なバブルを発生させることになったのだ。今回のバブル崩壊の痛みはこれまでになく酷い。

今回の経済後退は住宅部門から始まったが、当初は住宅価格は下落していなかった。[*25] 人々は住宅バブルは持続すると心の底から思い続けた。「住宅価格は下落しない」「住宅への投資は最高の投資だ」「住宅の短期間での住み替えは安全で簡単だ」等々、様々な妄想を連邦準備制度が煽った。[*26] 市場に介入することで連邦準備制度はバブル崩壊を招き、それを深刻化させたのだ。

「二〇年不況」を生んだ日本のバブル崩壊を考える

一九八〇年代、日本でも同じようなバブル景気が発生した。これは貸出量が拡大したからだ。つまり、日本の中央銀行である日本銀行が、何もないところから通貨を作り出し、銀行に供給した。通貨供給量の増大に伴う金利の引き下げによって通貨が市場にあふれ、日本でバブルが発生したのだ。バブルが崩壊した後、日本経済は深刻な経済不況に陥った。日本の株式指標である日経平均株価は、一九八九年末の四万円から一九九二年の一万五〇〇〇円へと急落した。一九九一年から一九九八年の間に、不動産価格は八〇%も下落した。その期間、日本銀行と日本政府は、流動化を防ぐため、そして物価を維持し、不良債権を処理するためのありとあらゆる方策を採った。日本銀行と日本政府は、金利をゼロに近づけた。バブル景気時代の間違った投資を正すための市場の動きを邪魔したのだ。

従って、日本の生産構造は、消費者の需要に応えられないままとなった。その結果、日本はバブル崩壊後の一〇年間、経済不況に苦しんだ。

日本経済における経済不況の影響を最も受けた産業分野を研究してみると、オーストリア学派の景気循環理論の正しさが証明された。オーストリア学派の景気循環理論が正しいとすると、高度な生産段階の資本集積産業の深刻な落ち込みが予想される。[*27] そして、日本経済のデータを調べてみると、その通りだった。最も資本集積的で消費財を生産する産業から、最も資本集積的でない産業を順に並べると、鉱業、工業、販売、サービス産業となる。そして、この順番がそのまま、景気後退の影響を受け、売上げの落ち込みに苦しんだ順番となる。[*28] 第一次産業のような生産構造の初期段階にある産業が一九九〇年代、低成長にあえいだ産業であった。

経済回復をもたらすと伝統的に考えられてきた政府の介入策、これが現在、アメリカ国民に売り込まれている。しかし日本では、政府がいくら経済へ介入しても経済回復はできなかった。日本は何をしたのか？　通貨供給量の拡大、金利引き下げ、公共事業への何兆円もの投資（アメリカでは「景気刺激策」と呼ばれている）、政府支出の増大、企業への政府からの資本貸し出し、銀行の救済策（国有化）などが実施された。自由市場主義者たちは、これらの施策を受け入れなかったので、馬鹿げていると非難された。これは現在のアメリカの状況とよく似ている。日本政府は二〇兆円を用意し、潰れかけた企業を助ける資金とした。ある経済分析チームは次のように報告している。「二〇兆円の資金は、資金を借りられない、もしくは倒産寸前の企業を助けるプログラムに支出された。言い換えれば、景気後退の時期に清算されるべき企業が生き残り、健全な企業は、そうしたゾンビ企業と資本や原材料獲得で競争を強いられることになった」[*29]

日経平均株価があるレベルより低くなったら、日本政府が株式を買い上げて、株価を吊り上げるというメカニズムも存在した。一九九〇年代、日本政府は経済刺激策を一〇回実行し、それに一〇〇兆円もの税金を投入した。だが、経済刺激策は有効ではなかった。日本経済が不況にあえぐなか、景気刺激策は、日本の財政状態も悪化させた。国の負債額はGDP比で二〇〇%を超えた。[*30] これには「簿外」の負債は含まれていない。二〇〇一年から二〇〇三年にかけて、銀行に資金を貸し出すために、日本銀行は通貨供給量を飛躍的に増大させた。二〇〇二年四月に発表された二〇〇一年の通貨供給量の増加率は二九三%だった。だがこれも有効ではなかった。同時期、銀行の貸出は年率四・五%の下落を記録した。[*31]

日本政府の介入によって市場は歪められた。バブル経済は終焉を迎え、その崩壊が始まったときに起こる、資源の再配分を妨げたからだ。公共事業プログラムは拡大された。現在はアメリカの公共事業の実施を支持しているポール・クルーグマンは次のように書いている。以下に引用する。

日本政府の役割を、アメリカのＷＰＡ即ち公共事業促進局（Works Progress Administration《ワークス・プログレス・アドミニストレーション》）を大きくしたようなものだと考えてみよう。過去一〇年間、日本は、雇用を創出し、経済にお金を回すために大規模な公共事業を行なった。統計の数字を見ると凄まじいものだ。一九九六年の日本の公共事業への支出は、ＧＤＰ比でアメリカの四倍強に達している。日本はアメリカの半分の人口、国土は四％の面積しかないにもかかわらず、アメリカと同じ量のコンクリートを生産し、国中に塗りたくった。日本の労働者の一〇％が建設業に従事し、この割合は先進国で最高である。[*32]

このような大規模な努力が水泡に帰した後、クルーグマンは、こうしたプログラムがなければ事態はもっと悪くなっていた、と主張するのが精一杯だった。この主張は正反対だ。日本政府が市場をひどく歪めず、資源を奪わなければ、民間部門はもっと健全な状態になり、経済回復が進んだはずだ。

政府の介入によって、日本は借金漬けの状態に陥った。クルーグマンは次のように述べている。「日本の負債はＧＤＰ比一三〇％にまで膨らんだ。この数字は先進国中最高で、伝統的に借金の比率が高いベルギーとイタリアを凌駕《りょうが》するものであった。先進国平均の二倍であり、アメリカの二・五倍であった」[*33]

簡単に言うと、日本政府は、オーストリア学派が、不況と戦う際にしてはいけないと主張する施策のすべてを行なってしまったのである。ポール・クルーグマンのようなケインズ主義者たちが推奨するあらゆる施策をやってしまった。その結果、経済不況が一五年間も続くことになった。ケインズ主義者たちは、日本の施策をアメリカでも行なうように求めている。しかし、日本では経済が回復していないのだ。

二〇〇八年末、アメリカの経済紙は、ケインズ主義の復活を語り始めた。その内容は次のようなものだ。「ケインズ主義は、今回の経済危機で再び注目を浴びている。二〇世紀では馬鹿にされた考えが、再び命を吹き込まれている」と。しかし、日本の現状については何も語られていない。

オーストリア学派の景気循環理論が意味するもの

ある分野の物価が不自然に高いという経済バブルは、心理的な要因が原因で起こるという主張がある。その内容は、人々がある種の分野において非合理的な行動を取るというもので、ITバブルや住宅バブルがその典型例だ、というわけである。こうした解説は、景気循環がどのように起こり、どの分野のモノが過剰に価値をつけられていたかを理解する上では有効だが、バブル経済自体については何も解説していない。熱狂（manias《マニアス》）によって、ある分野への過剰な投資が起きるのだが、それを促進するのは連邦準備制度だ。

ルードビッヒ・フォン・ミーゼスは、「ある分野への急激な投資は、その分野に関連する生産財の価格と金利を上昇させることになる」と述べた。ITバブルの場合は、プログラマーの給料とドメインの価格が急上昇した。熱狂によるバブル景気が継続するためには、その分野に資金が回らねばならない。そのためには、貸出量が増加しなければならない。それはその分野への投資が、コストを上回らなければならないからだ。貸出量の増加がないと、それが不可能になってしまう。[*34]

マネタリスト（monetarist）派で、オーストリア学派には属していない経済学者のアンナ・シュワルツでさえ、「熱狂はバブル景気発生の原因ではない」と述べている。シュワルツは、中央銀行の通貨政策によってバブル景気は発生するのだと主張している。彼女は次のように主張している。

市場を蹂躙《じゅうりん》した熱狂を研究すると、バブル景気を生み出したのは、人々の熱狂ではなく、ある分野への通貨供給の拡大政策だということが明らかとなる。その分野はそれぞれのバブル景気で異なる。しかし、バブル景気を発生させるのは、通貨供給量の拡大と低金利である。これらによって、一般の人々が「欲しいモノが安く手に入る。手に入れよう」という感情を持つようになる。当然のことだが、通貨供給が引き締められたら、バブルは崩壊してしまうのだ。[*35]

オーストリア学派の景気循環理論は、現在のアメリカ人が持つべき経済知識の中でもっとも重要なものである。この理論によってバブル景気は説明できる。オーストリア学派の景気循環理論によって、「自由市場がバブル発生とバブル崩壊の原因なのではない」、ということが明らかにされた。バブル景気の発生と崩壊の原因は、人為的に低く設定された金利と政府の馬鹿げた介入である。低金利によってバブルは発生し、政府の介入によってバブルは崩壊する。あらゆるバブル景気に共通しているのは、政府の「干渉（interference）《インターフェイス》」である。

市場を攻撃する人々は、この章で見てきた主張を無視している。彼らはウソつきであり、正直ではない。オーストリア学派の景気循環理論は大恐慌も説明することができる。大恐慌について、ある経済学者は「特定の原因は存在しない」と主張した。[*36] しかし、それは間違いだ。次章では、大恐慌について見ていきたい。

オーストリア学派の景気循環理論は、歴史研究にも役立ち、バブル景気の発生と崩壊の歴史の分析にも応用できる。

［第五章］

大恐慌についての神話

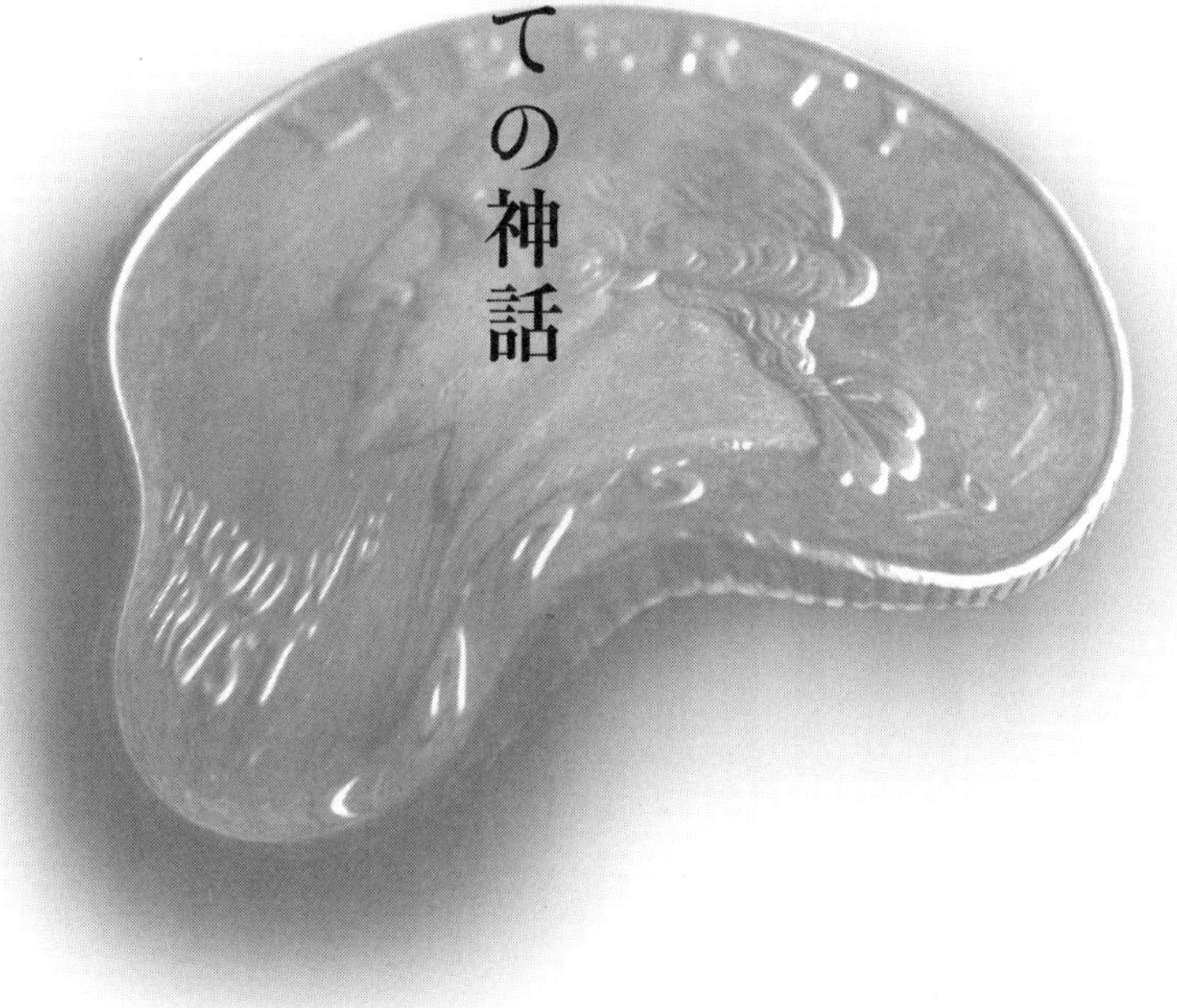

大恐慌を長引かせたのはニューディール政策だった

フランクリン・D・ルーズベルト大統領は大恐慌と戦うために、ニューディール政策を実行した。このニューディール政策が今日、再び登場することになった。バラク・オバマは、新ニューディール政策の実施を公約とした。ニューヨーク・タイムズ紙は、彼を「フランクリン・ルーズベルトの再来」と報じた。

一九二〇年代についての神話も予想通り復活してきた。この神話は長い間、著名な歴史家たちによって打ち捨てられていた。しかし、野心的な政治家たちが、アメリカ国民を救うという大義名分の下、自由市場を中傷し、自分たちの権力を強めるために一九二〇年代についての神話を持ち出してきた。

私たちは、「ハーバート・フーバー大統領がアメリカを大恐慌に陥れた」と教えられた。フーバーが、巨大企業が志向する自由放任経済への盲目的かつイデオロギー的な忠誠心を持っていたので、積極的な政策を何も打ち出さず、大恐慌への対応が遅れたのだと教えられた。一方で、ルーズベルト大統領は巨額の政府支出、公共事業、資本主義を救うための規制強化を行ない、アメリカ国民を救ったとも教えられた。大恐慌の長さと深刻さは大変なもので、ニューデイール政策によってようやく脱出できたと言われている。

だが、今まで述べたことは断じて事実ではない。フーバーは自由市場主義者ではなかった。フーバーは政府介入によって一九二九年の経済後退を招き、大恐慌まで引き起こしたのだ。多くの学者は気づいていないのだが、ルーズベルト大統領のニューディール政策によって、大恐慌は長引いてしまったのだ。オーストリア学派の景気循環理論が主張しているように、連邦準備制度の誤った政策によって、大恐慌が起こった。

この主張に対しては次のような反論が返ってくる。「好景気と不景気は、アメリカ史上、連邦準備制度が創設されるずっと前から起こっている」と。

そこで私は、連邦準備制度が創設される前の景気後退を調べ、その結果、それらがいかにオーストリア学派の景気循環理論を裏付けるものであるかを明らかにする。また、一九二〇年と一九二九年を比較する。一九二〇年、通貨供給量の膨張によりバブル景気が発生しそうになったが、そのとき政府は介入せず、経済の再調整機能を働かせた。一九二九年、政府は、人々の痛みを和らげるためとして、経済に介入した。歴史を振り返ることで、現在の私たちへの教訓が得られるのではないか。

フランクリン・D・ルーズベルト

連邦準備制度創設以前のバブル景気とバブル崩壊

前章では、バブル景気の発生と崩壊のサイクルが連邦準備制度のせいであることを、一九七四年のノーベル経済学賞を受賞したミーゼスとハイエクが発展させた理論を基に見てきた。しかし、バブル景気の発生と崩壊のサイクルは、アメリカ史上、連邦準備制度が創設される以前にも起こっていた。これをどのように説明できるだろうか？　連邦準備制度創設以前のバブルは大規模な通貨供給によって発生し、その後バブルは崩壊した。これはハイエクとミーゼスが私たちに教える景気循環理論に適《かな》っている。[*1]このパターンはどこでも見られるものであるため、誰も真面目に取り上げてこなかった。

一八一九年の恐慌は、各銀行が個々に発行した紙幣の供給が膨大になったために発生した。これらの紙幣は銀行の保有する金《きん》の裏付けのないものであった。そうした不健全な銀行が倒産して、経済全体に大混乱を引き起こした。一八一六年、アメリカ政府は認可を出し、第二合衆国銀行（Second Bank of the United States《セカンド・バンク・オブ・ザ・ユナイテッド・ステイツ》）が設立された。アメリカの第二中央銀行であった第二合衆国銀行も過度の通貨供給を行なっていた。その結果、インフレーションが進行した。政府の通貨発行自体を批判する人々は、第二合衆国銀行を、インフレーションを進行させたとして非難した[*2]。デラウェア州選出の連邦上院議員であったウィリアム・ウェルズ（William Wells）は、第二合衆国銀行設立認可についての議論の中で、この結果を予期していた。ウェルズは、第二合衆国銀行など創設しても国法銀行（state banks《ステート・バンクス》）の銀行として機能せずに、通貨発行量を増やすだけしかできない、と警告した[*3]。

一八一九年の大恐慌の発生後、アメリカの多くの識者たちは、銀行システムを安定させるには、部分準備金ではなく、一〇〇％の準備金と紙幣発行の禁止が必要だと主張するようになった。言い換えると、銀行が実際に保有している金《きん》の裏付けよりも多くの紙幣を刷り、貸し出すのを禁止すれば、不自然なバブル景気や取り付け騒ぎが発生することはないというのだ。この立場を代表するのがウィリアム・ゴウジである。彼は一八三三年に『通貨と銀行についての小史』を著した。この著書は、銀行と通貨について一九世紀に書かれた名著の一つである。経済危機が発生すると、政府の通貨発行を否定する人々は、政府が、何の邪魔もせずに、経済の動く通りにさせれば経済は回復する、と主張した。ニューヨーク・イブニング・ポスト紙は次のように書いている。「政治家たちが物事の自然な流れに介入しなければ、時間と商売のルールによって、物事は均衡を回復する[*4]」

多くの識者たちが、経済の後退局面が訪れた際、銀行の通貨供給にその原因があると主張した。彼らの主張の内容は次のようになる。銀行が通貨供給量を増やしたので、物価が上昇する。

アメリカ国民は物価が高くなったので、外国からの輸入品を買うようになる。アメリカ産の製品の生産は減少する。それによって、アメリカ産の製品の輸出が減少するようになる。アメリカの銀行券（紙幣）を貯め込んだ外国企業は、正金《しょうきん》（貴金属、この場合は金《きん》）に換えるように求めるようになる。そして金《きん》がアメリカ国外に流出する。銀行から金《きん》が流出することで、銀行の借入が増大する。銀行の負債が増大すると、バブル景気に水が差される。それによってバブル景気が崩壊する。銀行が通貨供給量を増やさなければ、不自然なバブル景気とその後の経済的混乱は起きなかったはずだ。[*5]

その後の経済危機と同じように、銀行は、金《きん》との交換を延期することが許可され、同時に、業務を進めることも許された。預金者たちが自分の預金を引き出そうとしても、銀行がその預金を渡さなくてもよいと法律で認められている、と銀行は言える。これは空想の話のようだが、そうではない。銀行が預金者の預金引き出しに応じなくても済む。こんな方法で、政府が銀行を救済するということが知れ渡ってしまうと、モラル・ハザードの問題が起こり、将来の銀行の行動に影響を与えるようになってしまう。政府が救済してくれることが分かっていて、思慮の足りない、しかも非合理的な方法でお金儲けができる場合、銀行が注意深く、誠実に経営などするものだろうか？

一八三〇年代、第二合衆国銀行は、通貨供給量を増大させてバブル景気を引き起こし、その後、バブルを崩壊させてしまった。ジャクソン主義者（Jacksonian《ジャクソニアン》）の評論家、ウィリアム・レゲットは、一八三〇年代に景気循環理論に気づいていた。レゲットはある記事の中で、バブル発生と崩壊は、銀行による人為的な貸出増加が原因だと指摘した。レゲットは次のように警告している。「私たちの銀行システムは大きな欠陥を抱えている。紙幣発行量の増加と収縮によって企業の不健全な活動を生み出し、突然の景気後退という重大な結果を招く。この景気後退は深刻なものである」*6

　経済の衰退に関するレゲットの分析は、オーストリア学派の景気循環理論によく似たものであった。以下に引用する。

　通貨供給量の増大のもたらす結果は何であっただろうか？　それは、企業の不健全な活動を促進することである。機械を使った過剰生産、異常な値段がつく資源への過剰な投機、それらは大規模で深刻なバブル崩壊を招く。貸出の異常な増大が表面化し、持続不可能な経済構造が崩壊し、数多くの人々が急上昇する株価に狂乱した夢の残骸を埋葬することになった。現在、人々は、夜、自分は金持ちだと思って床につくが、翌朝目覚めると身ぐるみはがされている、そんな状況である。
もっとも、金持ちだと思っていた人々も実はたいしたものは持っていなかった。銀行の気前の良さによって生み出されたまやかしの創造物を、人々は大切なものだと考えた。銀行の気前の良さによって、経済は過熱し、人々は投機に夢中となった（引用者註：住宅の供給過剰と住宅バブルについて考えてみよう）。今や、人々は、銀行が自分たちを救ってくれないことに気づいた。銀行に人々を救う力があってもなくても、結果は同じで、救ってはくれないのだ。銀行は、人々が欲していなくても金を貸し出していた。しかし、現在、バブルの間に計画された完成途上のプロジェクトが進められなくなっていても、資金や資源を投入されることはなくなっている。[*7]

一八三七年一二月、レゲットは次のように書いている。

ここ三年間の出来事をしっかりと見てきた人は、今現在の状況が起こることを予測できたであろう。銀行が全力でライバルたちと戦い、ライバルを葬り去り、発行した紙幣を通用させ、また、通貨ではなく、土地も市場に流通させている。銀行はあらゆる甘言と誘惑を用いて人々にお金を貸した。この方法で徐々に投機を過熱させていった。人々も熱に浮かされたように、実現性の低い事業計画を進めるようになった。例えば、どの企業も求めていない場所に運河を掘り、誰も行かないような場所に道を通し、誰も住まないような場所に都市を建設した。[*8]

現代の私たちは直面している危機を、投機家、強欲な企業家などのせいにしている。もしレゲットが今でも生きていて、そんな光景を見てもきっと驚かないだろう。レゲットは次のように書いている。「経済危機の間、普通の人々は大混乱の原因が何であるかを調べようと躍起になる。ところが、普通の人々が嫌悪感を抱いていたものが原因であるとする解説にだけ耳を傾けるのだ[*9]」

これまでに起こったパニックや経済不況を繰り返さないために、レゲットは生涯を通じて、その原因が人為的な通貨供給量の増大だと繰り返し主張し続けた。レゲットは、銀行が政府からの規制を受けずに経営できるシステムを創設するように求めた。そのシステムの内容は銀行を他の業種の企業と同じように扱い、特別な法的措置で救わないようにし、無責任な経営をしたなら断じて救済などしない、というものだ。銀行は、厳しい競争を通じて保有している貴金属に対応した分しか紙幣を発行しない、という誠実な態度を取るようになる。銀行は、他の銀行の発行した紙幣を持ち続けるつもりはないので、金《きん》に換えるように要求する。この要求が、銀行に誠実さを保たせるのである。これが一八三〇年代の経験によってレゲットが学んだことである。

一八五七年の恐慌は、それ以前の五年間の通貨供給量の増大によるバブル景気が崩壊した結果である。その時代の資本集約的産業である鉄道建設と鉱業が、バブル経済の時期に大きく拡大した。[*10] 政府は鉄道企業発行の債券を買い支え、もし債券が払い戻されなければ、政府が肩代わりすると約束した。ジェームズ・ブキャナン大統領は債券の現金化を許可した。彼は就任最初の一般教書演説の中で次のように述べた。「私たちの現在直面している不運は、紙幣発行システムが肥大化し、欠陥が表面化したことと、銀行の貸出が拡大したことによってもたらされた」

ブキャナン大統領は、後に次のように警告した。「銀行が預金量よりも多く貸し出しすることを許可されている限り、こうしたバブル崩壊のような事態が定期的に起こるだろう」[*11]

一八六三年と一八六四年に制定された国法銀行法（National Banking Acts《ナショナル・バンキング・アクト》 of 1863 and 1864）によってアメリカに通貨システムが創設された。このシステムは「中央銀行による紙幣発行システムに準じたシステム」と表現された。[*12]

通貨供給量を増大させやすいシステムによって、オーストリア学派の予測したパターンに沿った景気循環サイクルがアメリカでも発生することになった。これによって、一八七三年には恐慌と中程度の景気後退が発生した。一八七三年の恐慌は鉄道バブルであり、それは銀行の貸出量増大と政府による土地の無償払い下げと低金利の貸出によって発生した。鉄道バブルで、鉄鋼価格、運輸流通費、労働賃金の上昇が見られ、その他の関連分野でも価格が上昇した。金融学を専攻しているマイケル・ロゼフ教授は、一八七三年の鉄道バブルに端を発した恐慌と、現在の住宅バブル崩壊とを比較した。そして、現在の住宅バブルもまた、政府の規制と通貨発行によってもたらされたと結論付けている。[*13]

これまで一八七〇年代のアメリカ経済状態の悪さばかりが誇張されてきた。一八七九年までの一〇年間に、実質GNPは六・八％増加し、実質生産量は四・五％増加した。国勢調査によると、製造業の就業者数は一八七〇年の二四七万人から、一八八〇年には三二九万人に増加した。同時期、農業従事者数もまた、一二九〇万人から一七四〇万人まで増加している。[*14]

歴史家たちはこの時期の経済状態を「恐慌状態」だと考えてきた。それはこの時期、物価が年率で三・八％も下落したからだ。経済学者マーレー・ロスバードは次のように書いている。「問題は、歴史学者と経済学者の多くが、物価の下落が恐慌のせいであると信じさせられたことだ。彼らは、同時期の繁栄と経済発展を示す数字を見て驚いてしまったのだ[*15]」

ミルトン・フリードマンとアンナ・シュワルツはオーストリア学派に属してはいないが、一八七〇年代の経済状態につ

ミルトン・フリードマン

いて、ロスバードと酷似した内容のことを書いている。

景気後退は長く、厳しいものだった。それは疑う余地はない。しかし、金融部門の急落は、製造業部門に比べ、明らかであり、多くの研究がなされた。それによって、現代の研究者たちは、その深刻さと長さを過大評価するようになってしまった。経済状況を観察している人々は、物価の急落と生産高の上昇とは両立しないと当然のように考える。この時期を研究することの重要性は以前よりも高まっている。それは、物価の急落と生産高の上昇とは両立しないという考えに対する反証になるからである。[*16]

イェール大学のウィリアム・グラハム・サムナー教授は、一八七〇年代に、インフレ主義者たちの計画の裏にある欠陥によって、アメリカ史上における経済後退の多くと一八七〇年代の恐慌がもたらされたと主張し、次のように述べた。

通貨供給量が三倍になれば、資本も三倍になると考えるのは間違っている。銀行は通常の資本の貸出だけでなく、「預金量を超えた貸出」を行なうようになる。そうなると、預金の引き出しがなされるとき、銀行は紙幣が用意されている振りをしなくてはならない。

それでも、銀行の貸出が預金量を超えていることが明らかになる。すると、銀行では次のようなことが起こる。「貸出が超過していることが分かる」と、銀行に負債の支払いの要求、現金化、配当の要求がなされる。新しい局面を迎えた銀行は危機的状況に陥る。私たちの預金も、五〇％から七五％補償されたら御《おん》の字《じ》という状況になる。私たちは過大な数字も過大な希望も抱かないようにしようと心に決める。しかし、こうした経験はすぐに忘れ去られてしまう。そして、インフレと妄想のプロセスが再び始まってしまうのだ。[*17]

忘れ去られてしまった一九二〇年の恐慌

一九二〇年から一九二一年にかけての中規模の恐慌については頻繁に言及される。この恐慌は、現在に生きる私たちにとって教訓となる。

第一次世界大戦中と戦後、連邦準備制度は通貨供給量を増大させ、それによって公定歩合（銀行に貸し出す金利）が上昇した。オーストリア学派の景気循環理論によって説明されるように、再調整のため、経済は減速した。[*18] 一九二〇年の中頃まで生産の落ち込みは激しく、その後の一二カ月で二一％も減少した。一九三〇年の経済状況と比べ、一九二一年の状況は悪かった。一九三〇年は恐慌が発生してから一年目であった。一九二一年の段階で、ほとんどのアメリカ人は、景気後退が発生していることに気づいていなかった。それは、一九三〇年代の本格的な大恐慌に比べ、景気後退の期間が短かったからだ。連邦政府は自信たっぷりに大恐慌からアメリカを脱出させると発表した。一九二一年の時点で政府が経済に介入しなかったので、市場が機能し、再調整し、歪みを正すことができたのだ。この点が大恐慌時代とは大きく異なる。そして、すぐさま経済は回復し、諸々の生産量は再び最高の数字を叩き出すまでになった。

一九二〇年から一九二一年にかけての恐慌を研究してきた現代の経済学者の多くが、連邦政府や連邦準備制度がマクロ経済学的な手法を使わなかったのに、どうして景気回復がすぐに、しかもスムーズにできたのかを説明できないのも当然である。マクロ経済学的な手法とは、公共事業、政府の負債、通貨供給量の増大などを指す。これらのマクロ経済学的な手法が景気後退の解決になるというのがこれまでの常識であろう。そうした点で、一九二〇年から一九二一年にかけての恐慌は常識では理解できない現象である。

ケインズ主義の経済学者であるロバート・A・ゴードンは次のように書いている。「恐慌の痛みを和らげ、回復を急がせるため政府がやるべきことは最低限でよい。一九二〇年から一九二一年にかけて連邦準備制度は積極的に動かなかった。しかしながら、政府が景気刺激策をとらなかったにもかかわらず、景気回復はそこまで遅くならなかった」[*19]

経済史学者ロバート・A・ディーガンは次のように書いた。「一九二〇年から一九二一年にかけて発生した恐慌はすぐに回復した。そして、その後、経済成長の時期に入った」と。しかし、ディーガンは、その経済成長について記述しなかった。それは、彼が政府による通貨と金融刺激策を支持していたからだ。[*20]

一九二〇年から一九二一年に発生した恐慌に対するアメリカの反応と日本の反応とを比較してみよう。日本政府は同時期、計画経済（planned economy《プランド・エコノミー》）を導入した。その目的は、物価を人為的に高く維持することだった。経済学者のベンジャミン・アンダーソンは次のように書いている。「大銀行、財閥、政府が一体となり、市場の自由を打ち壊し、資源価格の下落を防いだ。そして、日本の物価は世界平均を超えた。この状態が七年間続いた。その間に産業は慢性的な停滞に陥り、一九二七年には銀行も深刻な危機に瀕した。多くの銀行と産業が危機に陥った。計画経済の導入は愚かな政策だった。日本における年間生産の減少は七年間続いた」[*21]

対照的に、アメリカは経済の再調整を許容した。アンダーソンは次のように書いた。「一九二〇年から一九二一年にかけて、アメリカは損失を確定させ、金融構造の再調整を行ない、恐慌に堪えた。そして一九二一年八月、経済は回復した。一九二一年八月以降、生産と雇用は回復したが、それは貸出に頼る構造を劇的に改善し、生産にかかるコストを劇的に削減し、民間企業に自由な経済活動を行なわせたからである。決して、政府の政策によって企業が復活したのではない」

連邦政府はケインズ主義の経済学者が言う通りにはしなかった。ケインズ主義者たちは、支出に大きく傾斜した不均衡な政府予算と支出の増大を通じた政府の呼び水的支出を実行するように求めた。当時の政府は、政府が支出と徴税の水準を低く抑え、民間の負担を減らすという古くからある考えを実行したのだ。[*22]

このエピソードは、公式的な歴史（Official Version of History）《オフィシャル・バージョン・オブ・ヒストリー》には合致しないものである。公式的な歴史では、政府の「安定化（stabilization）《スタビライゼーション》」政策は経済的苦境からの脱却にとって不可欠だという神話が、長年にわたって静かに受け継がれてきたのである。

大恐慌の襲来を予測したオーストリア学派

これまで述べてきたバブルの発生と崩壊の歴史は「大恐慌」に行きつく。大恐慌の背景と、大恐慌を長引かせた政府の施策、その二点を理解することがアメリカ国民にとって重要になってきている。ベン・バーナンキ連邦準備制度理事会議長は大恐慌について、「連邦準備制度が十分な通貨を供給していれば、大恐慌は起きなかったはずだ」と述べている。経済がシンプルな構造であったときには、通貨供給量を操作すれば景気は回復しただろう。[*23]

一九二〇年代にはインフレーションは起きなかったと考えられてきた。それは同時期、消費者物価が一定の水準に保たれていたからだ。一九二二年から一九二七年までの間の生産に関する統計数字は、経済の主要部門での生産量が増大したことを示している。自動車産業の生産量は同時期、年間四・二%、石油生産量は一二・六%、消費財の生産量は四%、鉱物資源の生産量は二・五%増加した。[*24] これだけ生産量が増え、市場への供給が増えれば、それぞれの価格は下がるはずだ。しかし、そうはならなかった。それはなぜか?

それは通貨供給量を増やすことで物価を安定させていたからだ。そして、物価レベルを安定させていたインフレーションが既存の資本構造を破壊し、やがて、消費者物価の上昇を招いた。[*25] 一九二一年七月から一九二九年七月にかけて、通貨供給量は五五%も増加した。年平均にならすと七・三%の増加であった。[*26] この通貨供給量の増大は、新たな通貨を発行しそれを流通させるという形を取らなかった。このときは、企業に対する貸出を増加させたのである。この方法は、オーストリア学派の景気循環理論において、政府が通貨供給量を増やす方法としてまさに想定している方法なのである。[*27]

一九二〇年代、株式市場は活況を呈していた。これはオーストリア学派の景気循環理論の正しさを証明する事実である。オーストリア学派の景気循環理論では、インフレーションを伴うバブル景気の間、資本集約的な産業に対して、人工的な刺激を与えるために貸付けが増加するとしている。ある企業の株価はその企業の資本の価値を表しているので、貸出が増えることで、株式市場のバブル状態が発生するのは当然である。その刺激が不動産にも波及する。資本の一部である不動産もまた、巨大な市場を形成している。[*28]

一九二〇年代を通じ、経済学者たちは愚かにも、アメリカ国民に対して、繁栄は永久に続き、景気循環など消えてなくなったのだと主張していた。それは第一次世界大戦が終結したことで世界中の戦争がなくなったとする当時の識者たちの主張と同じだった。オーストリア学派の経済学者たちは、一九二〇年代の、好景気が永遠に続くと言われていた時期に、大恐慌がやがてやって来ると予想したことで信用を得た。その時期、二〇世紀に最も称賛され、主流派経済学を打ち立てたアービング・フィッシャーは、物価の安定に注目し、経済は順調であると高らかに宣言していた。何たることだ！

一九二九年九月初旬、株式市場が暴落する二カ月前、フィッシャーは次のように語った。「株価が少しは下がるようなことがあるかもしれない。しかし、それは大暴落にはならない。株式配当は上昇する。私が予測を間違う可能性もある。しかし、今のところ株価が下がることはないだろうし、大暴落することもまずないだろう」[*29]

その翌月のフィッシャーの予測は恥辱としか言いようがない。一九二九年一〇月中旬、フィッシャーは次のように高らかに宣言した。「株価は永久に高い水準に保たれる。ここ数カ月は特に良い状態にあるだろう。株価が現在の水準よりも五〇ポイントも六〇ポイントも下落することなどないと感じている」と。フィッシャーの予想は翌月になると、まるで現実離れしたものとなってしまった。[*30]

フィッシャーとは逆に、オーストリア学派の経済学者ルードビッヒ・フォン・ミーゼスは、インフレーションを伴うバブル景気の持続は不可能で、必ず終焉を迎えるということを理解していた。主流派の経済学者たちが語る永遠の繁栄は作り話でしかなく、詐欺でしかない。ミーゼスは次のように語っている。「経済危機が遅かれ早かれやってくるのは明らかだ。そして、銀行の行動の変化が、経済危機の原因の大部分を占めることもまた明らかだ。銀行の一部の犯した誤りについて私たちは言及する。その誤りとは、バブル景気を煽るために銀行がしてきたことだ。政府の犯した失敗とは、金利を上げることではなく、金利を上げる時期が遅すぎたという事実である」[*31]

景気循環を避けるのは可能だ。しかし、連邦準備制度のような中央銀行が金利と通貨供給を人為的に管理する方法では不可能である。そのような人為的な操作と生産の調整の欠如は、景気循環の種を播いてしまうようなものだ。簡単に言うと、中央政府による計画は解決策ではない。マーク・ソーントンは次のように書いている。「定期的に起きる景気循環の経済危機局面を避ける、もしくはその影響を緩和する唯一の方法は、銀行の貸出を増やせば経済は成長するという誤った考えをきっぱりと否定することだ」[*32]

最終的に、そして不可避的に、バブル景気の修正は行なわれる。一九二九年一〇月の株価市場の暴落は大変な衝撃であったが、一九三一年までに恐ろしい状況がさらに増幅された。経済学者ベンジャミン・アンダーソンは一九三一年を「悲劇的な年」と呼んだ。人々はアメリカ国中で生産高と雇用の急落を実感するようになった。

フーバーは自由放任主義者ではなかった――それこそが問題だった

連邦政府は何をしていたのか？　オーストリア学派の景気循環理論では、してはいけないとされていることを連邦政府は実行に移した。結果としてアメリカは、一五年間にわたって経済不況に苦しむことになった。それは、連邦政府が介入したことで経済流動性が失われ、繁栄への回復も遅れたからだ。第二次世界大戦が勃発しても大恐慌は終わらなかった。消費者が使うはずもない戦艦や戦闘機の製造に資源が割り当てられた。これでは経済的な繁栄など望むべくもなかった。これについては後述する。一九三三年から一九四〇年にかけて、失業率は年平均一八％を記録した。

ワシントン・ポスト紙とニューヨーク・タイムズ紙にいる秀才経済記者たちにすれば、大恐慌は繰り返されるはずのない事態であった。それでも二〇〇八年夏の終わり、経済危機が深刻さを増す中で、各メディアには、フランクリン・D・ルーズベルトとニューディールの再来を熱望する記事が溢れた。ニューディール政策は成功したと彼らは考えていた。

一方では、ルーズベルト大統領のプログラムに反対する論調が何週間も続いた。しかし、メディアが無視してしまうような、ルーズベルトとニューディールに対する再評価を行なう学問的業績が多く出されるようになった。大恐慌を長引かせた理由となった政府の介入を今回も行なうべきだとワシントン・ポスト紙の頭の切れる方々でも主張している。公式的な歴史によれば、ルーズベルト大統領の実施したプログラムによってアメリカは大恐慌から救われたのだとされている。しかし、同時期の失業率の高さを考えればそんなことは言えるはずがない。

この数十年間、アメリカの子供たちは、ハーバート・フーバー大統領は自由放任主義を信奉しすぎた余り、アメリカをめちゃくちゃにした大恐慌に何もできなかったと教えられてきた。一九三三年三月にフランクリン・ルーズベルトが大統領に就任し、真剣に大恐慌に対処することになったとも教えられる。学校の教師のほとんどはこの神話を教え続けているが、歴史学者たちは、ニューディール政策を繰り返すのは恥辱だと考えるようになっている。

ハーバート・フーバー大統領

フーバーは、「経済に対する自由放任主義的アプローチは過去の遺物だ」とはっきりと述べていた。平時のアメリカの大統領で、フーバーほど経済に介入した大統領はそれまでいなかった。フーバーは公共事業プロジェクトを開始し、税率を引き上げ、倒産しそうな企業への緊急融資を拡大し、国際貿易を縮小させ、各州への貸付けなどの救済プログラムを実施するなど、様々な施策を実行した。フーバーは、消費者物価が劇的に下落しているときに、賃金水準を維持しようとした。それによって、各企業が弱っている時期に、労働者への賃金を実質的に引き上げるように求めたのである。

フランクリン・ルーズベルトがフーバーを攻撃した理由はここにある。一九三二年の大統領選挙期間中、ルーズベルトはフーバーを次のように攻撃した。「フーバー政権は平時において最も血税を浪費した政権である。フーバーは、連邦政府がすべてを統制できると信じているのだ」

ルーズベルトの副大統領候補であったジョン・ナンス・ガーナーは、「フーバーは我が国を社会主義へと導こうとしている」と攻撃した。[*33] その間にも大恐慌は悪化の一途をたどっていった。

一九三二年、当時のアメリカを代表する経済学者二四名がシカゴ大学に集まり、会議を開いた。その目的は連邦政府の経済政策に対して助言を行なうためであった。オーストリア学派の景気循環理論からすれば、彼らの助言は最悪のものばかりであった。その内容には、通貨供給量の増大、復興金融公庫（Reconstruction Finance Corporation《リコンストラクション・ファイナンス・コーポレーション》）を通じての銀行への補助金、高速道路やダム建設などの公共事業プログラムへの支出が含まれていた。

二四名のうち二名だけが適切な助言をしたが、それらは当然のように無視された。その二人のうちの一人がゴットフリード・フォン・ハーバラーであり、オーストリア学派の景気循環理論の支持者であった。彼は次のように吐き捨てた。「おしゃべり屋たちがインフレーションを発生させる方法について滔々《とうとう》と説教した」と。もう一人は、コロンビア大学経済学教授で、学術誌「ジャーナル・オブ・コマース」を編集していたH・パーカー・ウィリスである。彼は、これ以上の通貨供給量の増大は既存の資源の誤った配分をもたらすと警告していた。ウィリスは次のように述べている。「この時期に通貨供給量を増大させるのは、現在の困難をさらに悪化させることになる。現在でも建設業に対する過度の資本注入で負債がかさんでおり、また、これ以上の資本注入もできなくなっている」[*34]と。だがいつものように、声の大きいおしゃべり屋たちが勝ってしまった。

ルーズベルトはこうして大恐慌を長引かせた

フランクリン・D・ルーズベルトは大統領に当選し、彼の前任者フーバーよりも、さらに恥ずべき政策を実行した。ルーズベルトの顧問の一人であったレックスフォード・タグウェルは、ルーズベルトが実行したニューディール政策は、フーバーの政策を真似して続けたに過ぎない、と認めた。ルーズベルトは、フーバーが行なった物価と賃金の安定を進め、制度化しただけだ。ルーズベルトは大恐慌の「原因」が物価の下落だと信じていた。これは間違いである。物価の下落は「結果」であって、原因ではない。しかし、ルーズベルトは、物価を高水準に保つことが経済回復への正しい道だと考えていた。[*35] フーバーの農業政策は農産品の価格を上昇させることを目的としていた。ルーズベルトの農業政策はさらに徹底していて、作付けされている農作物の放棄と減反を強制した。ルーズベルトは独占禁止法の一時停止にサインした。これによって、大企業はカルテルを結び、最低販売価格、生産量、その他自由な経済活動への制限を決定することができた。ルーズベルトは税率をさらに引き上げ、公共事業への支出の増大、連邦政府による福祉プログラムを実行した。

簡単に言えば、フーバーとルーズベルトの主導したプログラムは、経済のバブルをうまくしぼませることができなかったのだ。彼らのプログラムは不健全な企業を助けるものだった。政府は、実質預金が不足している民間部門から資本を奪い、経済性の低い公共事業へ投入した。公共事業を実施しても長期的な経済調整には何も役立たない。また、両大統領のプログラムによって、物価と賃金の自由な上げ下げが妨害され、その結果、消費者の志向に合わせての資源の再配分と物価の再調整が行なわれなかった。すべての人々は次のような考えに惑わされていたと公言した。それは、「経済調整は、政府が許可しないので、起きないだろう」というものであった。

一九三〇年代初め、ある経済学者は次のように正しく状況を把握していた。

誰も倒産など望まない。誰も倒産に伴う資産の売却など好まない。倒産と資産の売却を健全な財務によって避けられるなら、誰もそのような方法を取ることに反対しない。誤った投資と過剰な負債の程度が限度を超えたら、現金化を先延ばしにする方法は、状況をさらに悪くするだけだ。経済の大混乱に対する短期的なビジョンしか持たない人々は、恐慌の最初の二、三年の段階で、破滅よりはまだましだと考えることだろう。それは疑う余地はない。しかし、恐慌に入って四年目の今の段階で、次のような二つの疑問がわいてくるはずだ。一九三〇年に収縮的な政策を政府が採っていたなら、さらなる大混乱と資源配分の誤りをもたらしたか？　それとも、それらの先延ばしが大規模な混乱と資源配分の誤りをもたらしたか？　どちらがより真実に近いだろうか。[*36]

大恐慌に関しては、ほとんどの学術的業績が本棚の埃《ほこり》を集めたようなものだが、中には、二ューディール政策のもたらした結果についての現実的な見方を示している業績もある。UCLAの二人の経済学者ハロルド・コールとリー・オハニアンが二〇〇四年、「ジャーナル・オブ・ポリティカル・エコノミー」誌に論文を発表した。その内容は、「ニューディール政策があったにもかかわらず大恐慌が長期化したというのは間違いだ。ニューディール政策が実行されたために大恐慌が長期化したというのが正しい」というものであった。コールとオハニアンは次のように書いている。「ニューディール政策の柱であった労働・産業政策は、ルーズベルト大統領が望んだにもかかわらず、経済を大恐慌から脱出させることはできなかった。これらの政策が放棄された一九四〇年代になって、経済はやっと回復したのだ[*37]」

大恐慌が深刻化したのは通貨供給量が少なすぎたからだ、という主張は昔からなされてきた。大恐慌を詳しく研究してみると、価格決定システムに政府が介入したのが問題であることが分かる。考えてもみていただきたい。通貨供給量の減少の程度は、一八三九年から一八四三年にかけての時期と、一九二九年から一九三三年にかけての時期とでは、ほぼ同じなのである。一八三九年からの時期には、政府は物価の下落を容認していた。データによればこの時期、実質消費は二一%増加し、実質GNPは一六%も上昇した。投資は二三%も下落したが、バブル景気の後の調整局面なので、この下落は驚くにはあたらない。一九二九年から一九三三年にかけての時期は逆に、連邦政府は人為的に物価と賃金を維持しようとした。その結果、実質消費は一九％、ＧＮＰは三〇％下落し、実質投資は九一％も激減した。[*38]

「戦争が好景気をもたらす」という陳腐な神話

ニューディール政策はアメリカを大恐慌から救うのに失敗したという主張に対しての予測される反論は、「一九三〇年代は政府支出が十分ではなかった。民間部門からより多くの資源を奪い、それを政府が独断的に公共事業に回していたら、経済回復はもっと早く実現していたであろう」というものである。

現在、ケインズ主義の学者たちはさらに、一九三七年から一九三八年にかけての経済後退は、大恐慌の中で起きた恐慌であるが、それは、政府が負債の額を小さくして公共事業への支出を減らしたために起きたと主張している。この主張の中で欠けているのは、次の事実である。一九三七年の最初の九カ月で、労働者の平均賃金が一三・七％も上昇したということである。これは、一九三五年の全米労働関係法（National Labor Relations Act）《ナショナル・レイバー・リレーションズ・アクト》の可決によって、連邦最高裁判所が労働組合の活動の範囲をかなり広く認めたからである。賃金の急上昇は生産性の向上を反映したものではなかったし、製品価格の上昇率にも全く見合っていなかった。その結果、雇用は失われ、経済活動は減速することになった。いくつかの社会保障プログラムの実施にともなって労働コストは上昇し、事態は悪化するばかりであった。簡単に言えば、不十分な政府支出が大恐慌の元凶であったという主張に、私たちが関わりあう必要はないのである。[*39]

ポール・クルーグマンは次のように書いている。「アメリカ経済とニューディール政策を救ったのは、巨大な公共事業であった。それは第二次世界大戦である。第二次世界大戦は、経済が必要とした財政的な刺激策となった」[*40]

大恐慌時代に起きたことに関するこの驚くべき、そして酷い誤解に対しては、真実を明らかにする必要がある。それは、現在でも、政府支出と負債を十分に増やせば繁栄をもたらすことができるという、間違った考え方に基づいた政策提案がなされているからだ。

第二次世界大戦がアメリカ経済を刺激したという考えに何か真実が含まれているのか？　失業率は戦争中、低下した。これは真実である。しかし、私たちが知るべきなのは、戦時中の失業率というのは、労働力の二九％が徴兵され、軍隊に入隊した後の失業率、ということである。

経済史学者のロバート・ヒッグスは一九九〇年代、いくつかの学術誌に掲載した論文で、戦争中の経済回復という陳腐な神話を打ち壊す主張をした。オックスフォード大学出版局から二〇〇六年に出版した著書『大恐慌、戦争、そして冷戦』の中でヒッグスは自説を展開している。ヒッグスは、「戦時中アメリカ経済は、突然の、しかも深刻な資源の制限に苦しんでいた」と主張している。戦時中、労働力の二九％が徴兵され、その代わりに高齢者、女性、そして技術を持たない一〇代の若者が働くことになった。こうした障害にも負けず、アメリカ経済は実質GNPを年平均一三％増加させ、この数字はアメリカ史上最高の数字であったが、そんなことが信じられるだろうか？　そして終戦後、復員してきた人々が職場に復帰したのに、その後二年間で生産量は二二％も減少した。そんなことも信じられるだろうか？

　多くの経済学者たちが明らかにナンセンスな出来事を素直に信じているという事実を見れば、主流派の経済学を称賛することはできない。そんな主張に対して、これは統計的な数字から導かれた数字だと反論する人もいるだろう。馬鹿げた結論に導くような統計には、何か疑わしい点がある。

　問題は、戦時中の全国賃金統計の数字には意味がないということだ。その理由は第六章で見ていくが、国内総生産（Gross Domestic Products《グロス・ドメスティック・プロダクツ》, GDP）は、ある理想的な状況を想定して、その状況下での数字を合計したものである。しかし、戦時中は、全国賃金統計の数字は通常に比べ、より誤りを含んでしまう可能性が高くなる。買い手と売り手、需要と供給の自由なやり取りだけが、自由市場における意味のある価格を決定することができる。もし政府が市場における交換を一方的に停止させてしまった場合を考えてみよう。「卵一個一〇ドル（約一〇〇〇円）にして、私たちが一〇〇万個注文した場合どうなるか」。その場合、一個一〇ドルの卵が一〇〇万個なので、注文の総額は一〇〇〇万ドル（約一〇億円）となる。こうした状況で、私たちは経済の実態をちゃんと把握することができるだろうか？　そして、そんな注文をちゃんとした売上げと言ってしまってよいのだろうか？

しかし、これが戦時中に実際に起こったのである。国内の総生産量の五分の二は軍事関連であり、経済全体が様々な規制を受け、過剰な生産が行なわれていた状況で、物価はますます政府の恣意的なシステムによって決定されるようになった。物価は消費者の選択の反映ではなく、政府に押し付けられるものに変容した。いくつかの製品の価格を政府が恣意的に決定すると、さらに多くの製品に政府が恣意的な価格を設定しなくてはならなくなった。しかし、そうした政府のお手盛りの数字を基にして戦時中のGDPが算出され、これによって、戦時中に経済回復した、というストーリーが作り上げられているのである。[*41]

政府が価格を決定する他にも、消費者は、政府による割り当て配給（rationing《レイショニング》）、製品の品質低下、新築住宅・新型自動車・電気製品がまるで買えなくなってしまったこと、また、労働時間の増大などに苦しんだ。消費者の福利が制限されてしまっているような好景気など、どれほどの意味があるというのだろうか？　しかし、これが私たちの教えられてきた、アメリカ史上に残る経済回復の真実である。

そして終戦後、兵隊たちが復員し、軍事支出が大幅に削減されると、アメリカは再び経済後退局面に陥ってしまうという懸念が、その当時はさかんに表明された。しかし、その懸念とは反対のことが現実には起こったのだ。一九四六年の経済指標は目を見張るほどで、まさに経済的な繁栄の状態であったことを示した。民間部門は年間で、アメリカ史上最高の生産高を記録した。これが、ケインズ学派の経済学派の学者たちには不思議でならないらしい。しかし、常識で考えれば当たり前のことだ。経済が平時に戻り、民間部門が消費者のニーズに合った製品を作り、復員により労働力が増加し、熟練度が増したのだから、経済が良くなるのは当たり前の話ではないか。

一方で、一九四六年の全国収入統計は大きな下落を示している。だから、戦後すぐの経済状態は良くなかったと主張する経済学者もいる。しかし、経済学者の間違った助言を受け入れて、戦時中の統計数字をそのまま信じてしまったら、一九四六年の経済は良くなかったと示している統計数字も信じなければならない。社会の富を生み出す民間経済の健全度は戦時中は低かったが、戦後は回復し、素晴らしい状態になった。これは常識で考えれば分かることだ。多くの学者たちは、こうした常識を否定まではしないものの、自分たちの考えと合わない事実はあえて無視してしまう。

もし軍事支出が国を富ませているなら、アメリカと日本は次に挙げるようなことを行なったはずだ。

それぞれの国は、史上最も壮大な海軍の艦隊を創設しただろう。その艦隊には、巨大で、強力で、技術的に進んだ戦艦が配備されただろう。それぞれの国の艦隊は太平洋上で相まみえる。その際、戦争につきものの人命の損失を避けるため、乗組員たちは全員、戦艦から退避する。この時点で、アメリカと日本の艦隊は相撃ちとなり、戦艦はすべて沈んでしまう。このとき、両国は、労働力、鉄鋼、その他の資源や部品を惜しみなく注ぎ込んだ艦隊が太平洋に沈んでしまったことによって、大変に豊かになったことを喜び、祝福するはずだ。[*42]

「戦争が繁栄をもたらす」という主張が強調されるのは、「消費者による消費が経済を動かす」という当たり前すぎて馬鹿らしい考えが含んでいる、同じ間違いの上に主張されているからである。また、現在の私たちに助言をしようとしている天才たちの多くが「戦争が繁栄をもたらす」と頑なに信じているからだ（詳しくは次章で見ていく）。

こうした誤りは、どんな種類の金《かね》や資本を使っても、取りあえず消費をすれば経済的繁栄がもたらされる、としている。経済不況で人々に金がなくても、消費は経済にとって良いことだと主張するのだ。賢明な人々は、不況下では消費を抑制するはずだ。政府が、消費者が買わないし、使わないような製品、例えば戦闘機や戦車を買うために、民間に課税したり、金を借り入れたりすれば、すべての国民が豊かになる、と言っているようなものだ。これこそが財政「刺激」策の裏に見え隠れする哲学である。

これまで述べてきたような馬鹿げた主張を支持するのは、気が違ってしまった人々か、ニューヨーク・タイムズ紙の社説の中にたてこもっている人々だけである。ルードビッヒ・フォン・ミーゼスは次のように喝破した。「戦争が繁栄をもたらすという言説は、地震や伝染病が繁栄をもたらすと言っているのと同じだ」

「大恐慌」と「日本の二〇年不況」を教訓とする

大恐慌と現在の経済危機が同じ種類のものだと考えるのは正確ではない。しかし、比較するに足るだけの類似性は存在する。両方のケースとも、連邦準備制度が金利を下げたために貸出が急増したことで、資源の間違った配分と資本構造の歪《ひず》みが発生した。連邦準備制度は、それぞれのバブル崩壊後、バブル景気をもう一度復活させようとして通貨供給量を増やしたが、それは無駄に終わった。新しく供給された資金を銀行が貸し出すのを拒否したことへの不満が大きくなっていった。両方のケースで、連邦政府は物価の下落を防ごうとした。大恐慌のときは原料価格と消費者物価、現在は資産価格を、それぞれ保とうとした。そのときの経済状況から見て納得できる、そして、人々の価値観と合うレベルにまで物価を引き下げるのを政府は許さなかった。どちらのケースでも、短期の売買は攻撃され、投機は非難され、公共事業と政府による呼び水的経済政策による救済策が求められるようになった。緊急融資策は倒産寸前の企業にまでなされるようになった。

もし私たちが、大恐慌時代、もしくは過去一八年間の日本と同様の運命をたどりたいなら、ポール・クルーグマンの言うことを聞き、結果的に世界を大混乱に引きずり込んだのと同じ政策を実行すればよい。もしそうでなければ、公式の歴史とは異なる方法を取ってもよいはずだ。私たちはアメリカ合衆国の誇る偉大な大統領たちを称賛するように教えられてきたが、もう、おべっかを使うのはやめよう。そして、恐慌と戦う政府の努力が、かえって恐慌を長引かせる可能性があるのではないか、と考えてみることだ。

政府が介入してしまうと恐慌は一〇年にもわたるものとなり、私たちは苦しい試練を経験することになる。そんなことはやめさせよう。「これから一〇年間、政府の素晴らしい計画で私たちは救われる」という厚顔無恥の考え方をするのはやめよう。

［第六章］

通貨という正体不明の生き物について

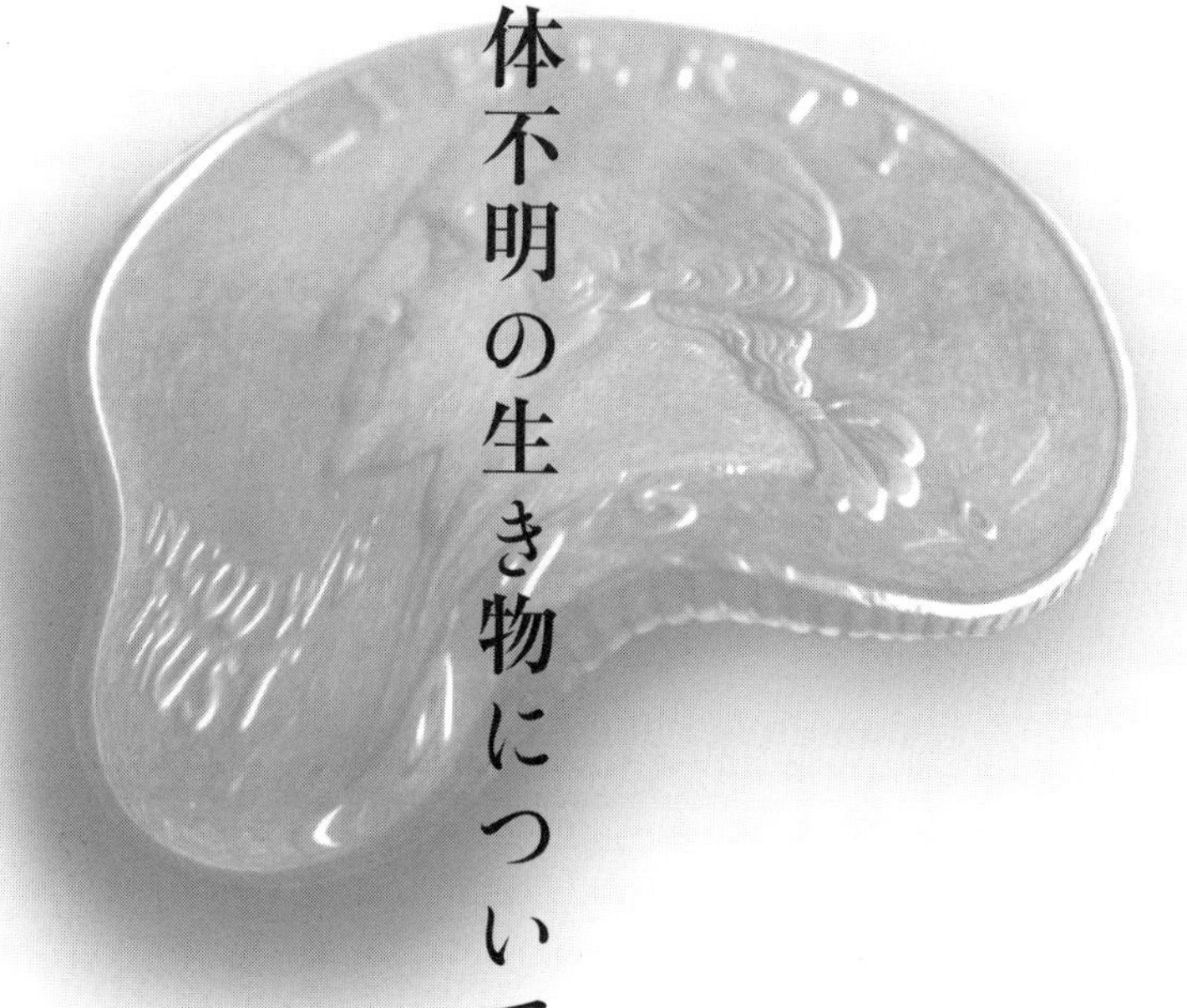

通貨にまつわる神話を覆す

今回の経済危機に関連して様々な意見が出されている。だが、それらの中で取り上げられないものに「通貨」がある。通貨について本書で議論してきたいくつかのポイントを次に列記する。こうした事実について、私たちは通常、疑問に思わないものだ。

●ドルの価値が九五%も下落してしまう原因となるシステムなど、最高のシステムとは言えないのではないか。

●政府が必要だからということで、何も裏付けのない通貨を発行するのは望ましいことだろうか。裏付けのない通貨を発行することで税率の引き上げと借り入れを避けることができ、国民から収奪しなくても済む、という主張があるが果たしてそうだろうか。

●政府が通貨供給と金利を人為的に引き下げることができないシステムならば、現在のシステムよりも経済が安定するのではないだろうか。通貨供給と金利を政府が管理することで景気循環が発生するのである。

●現在、政府は大企業などを救済しているが、世論が執拗《しつよう》に求めているにもかかわらず、どの企業がどれくらいの救済を受けられるのかの公表を拒否することができる。政府が通貨供給と金利をコントロールできないシステムにすることで、そのようなことができにくくなるのではないか。

●政府が通貨供給と金利をコントロールできないシステムにすることで、現在のシステムが促進している無責任なレバレッジとリスクの高い投資などが行なわれなくなるのではないか。[*1]

ニューズウィーク誌やニューヨーク・タイムズ紙を読んだり、テレビで金融の専門家と称する人たちの発言を聞いたりしても、現在の通貨システムが今回の経済危機に関係していると視聴者や読者が考えることはできない。それは、メディアが通貨システムに全く言及していないからだ。ニューズウィーク誌やニューヨーク・タイムズ紙のような超一流のマスコミが何か重要な点を見落としているなどとは考えたくはないが、残念ながら、彼らは確かに見落としているのだ。

読者の皆さんは本書を読んでこられて、本書に通底する「現在のアメリカの通貨と銀行システム（中央銀行も含む）が経済を不安定にし、計算を狂わせる原因となっている」という主張に気づいておられると思う。私たちはこれまでのシステムに代わる選択肢について考えてみるべきだ。現在の経済分析のすべては、「金融システムは基本的に健全で、法律による場当たり的な対応で修繕していけばよい」という考えを前提にしている。

だが実際はその反対である。**通貨システムそれ自体が問題なのである。**真剣で生産的な議論の妨げになっている通貨についての様々な迷信にがんじがらめにされている状態から、今すぐにでも脱却することが、アメリカ国民の利益になるのだ。

表面的な事象だけに目を向けて経済的苦境と不安定さに対する回答を得ようとしても、満足な回答を得られず、失望するだけだ。たった一回だけでもよいから、私たちは、根本にかかわる疑問を提示する必要がある。それが時流に合った意見と合う、合わないは関係ない。この章の目的は、いくつかの重要な概念を紹介すること、そして、通貨に関わる事業から政府を締め出すというアイデアを正しく評価させないようにしている神話を覆すことである。

通貨はどのように生まれるのか

そもそも通貨はどのようにして生まれるのか？　通貨は政府が作り出したものではない。通貨とはそもそも、物々交換（barter）《バーター》に不満を抱いた人間が発明したものだ。物々交換とは、財やサービスを「直接」交換することである。例えば、バスケットボールと帽子の交換、歴史の講義と新聞の交換、といったものである。バスケットボールを持っている人々が帽子との交換を望むとは限らない。また、新聞販売員は、南北戦争について誰かが教えてくれたからといって、新聞を無料であげたりはしない。この物々交換というシステムは、人々の要求を満たさないものとなった。上に挙げた理由以外にも、釣り合いの問題があり、人々の要求に合わなくなった。例えば、ある人が邸宅しか所有していない場合、パンを一斤買うにはどうしたらよいだろうか?

通貨経済では、物々交換とは異なり、財やサービスは間接的に交換されることになる。帽子を欲しがっているバスケットボールの持ち主とバスケットボールを欲しがっている帽子の持ち主を、時間を無駄にしながら探すのではなく、バスケットボールの持ち主は、金《きん》や銀など通貨の機能を果たすものと、バスケットボールを交換する。そして、手に入れた金や銀を欲しいと思っていた帽子と交換する。これが通貨の始まりである。

物々交換という、有効には機能しないシステムに不満を抱いた人類は次のように考えるようになった。今所有している財やサービスよりも、他の人々がもっと欲しがる(市場で取引されやすい)財を手に入れることができたら、それらとの交換を望む人々を見つけやすくなる、と。歴史的に見ていくと、この目的のために、人々が欲しがる財が、木の実から、貝殻や金《きん》となっていったことが分かる。そして、人々が欲しがる財が交換の媒介として機能し始めると、その財自体は欲しくはないが、媒介の価値としてとにかく欲しがるようになる。それは人々が、それら媒介財と財やサービスを交換したがるということを認識したからである。多くの人間は、貴金属を直接使用して何かを作るということはしないが、それを欲しがる。なぜなら、その貴金属と財を交換できると知っているからだ。こうしたプロセスを経て、金や銀、その他通貨として流通するものが交換の媒介、つまり通貨として発達してきたのである。

従って、通貨は、市場における便利な産物として自然発生的に生まれたのである。通貨は政府の命令によって生み出されるものではない。それでは、誰がこれまで経験したこともない通貨というものを考え出したのだろうか？　経済学者のロバート・マーフィーは次のように書いている。

「たった一人の天才のみが、それまでに見たことはなくても、通貨とその成功の可能性を見通すことができたのだろう。そして、その天才が通貨について周りの人々に説明しようとしても、何を言っているのか理解されなかっただろう。それは次のような調子であっただろう。お前の持っている豚を馬と直接交換する代わりに、このきれいな石に交換してみないか？　お前がこんなもの要らないと思うのは分かる。だけど心配するな。馬を持っている人が喜んできれいな石と馬を交換してくれるから！　いいか、みんな。みんながこのきれいな石を価値があるものとして認めてくれたら、俺たちはもっと豊かになれるぞ！」[*2]

市場における通貨はこのようにして流通し始めたはずだ。それは人間が、その価値が何であるかを知ったときにしか成立しないからだ。通貨が成立する過程で、その他の財やサービスが通貨でどれくらいの値《あたい》かということを通貨自体が獲得していく。人々は、通貨と財やサービスの物々交換という形で通貨を使用していった。どこからともなく発生した通貨を人々に使用するように強制しても、人々にはその価値が分からず、流通しない。従って、紙幣もまた、政府の命令で生み出されたものではない。紙幣は、社会がはるか昔から自然発生的に使用してきた通貨とリンクしているのだ。アメリカ独立戦争やフランス革命時に発行された悪名高い紙幣でさえ、最初は、既存の物品貨幣によって裏付けされたものであったが、その後、その価値を失っていった。

ただの紙切れが紙幣となるカラクリ

簡単に言うと、法定不換紙幣（fiat money《フィアット・マネー》）は、既存の物品貨幣に常に寄生しているようなもので、物品貨幣がなければ法定不換紙幣は生まれなかった。

通常言われている紙幣誕生のプロセスは以下の通りだ。

［一］社会は物品通貨を流通させる。

［二］銀行や政府が紙の証書を発行する。これは決められた重さの物品貨幣と交換できる。そ

して紙の証書が、貴金属で出来たコインの代替物として流通し始める。［三］政府は、発行済みの紙の証書が所有者に交換することを保証していた物品を没収し、人々には、物品との交換が不可能な法定不換紙幣だけが残った。[*3]

物品貨幣は交換の媒介である。しかも物品貨幣は金《きん》や銀のような商品でありながら、金や銀などの所有権を表すものである。紙幣は、物品貨幣の流通しているシステムの中で使用される。そして、紙幣は物品と交換することができる。紙そのものは通貨ではない。紙は通貨の便利な代替物にすぎず、通貨とは金、銀、その他の物品のことなのである。法定不換紙幣は交換の媒介である。法定不換紙幣は物品でも、生産財でも、消費財でもない。そうした物品の所有権を表すものでもない。法定不換紙幣は金と交換できない。これが現在の通貨システムである。

法定不換紙幣が既存の物品貨幣の代替物になる状況は、政府の介入と人々の所有権の侵害によって生み出される。この過程には常に政府による暴力の脅威が含まれ、自発的に行なわれることはない。[*4] アメリカ政府がアメリカ国民に金貨を政府に引き渡すように命令した一九三三年以降、ドル紙幣は金と交換できるということで流通した。物品貨幣によって財やサービスの価格が決められていたので、ドル紙幣が通貨として流通できたのだ。

歴史を振り返ってみると、多くの社会が金や銀を貨幣として使用してきた。政府は貨幣流通の一翼を担うことを望んだ。そして、国王やその他の支配者たちは、コインに自分たちの肖像を刻み、通貨発行の独占を図った。国民は、支配者たちが持つ権力に通貨発行が含まれると理解するようになった。通貨は公共財であるという理論的根拠があるにもかかわらず、政府が通貨発行を独占するのは、支配者がコインを削ったり、通貨の品位を落としたりして、人々から富を奪うためだ。金《きん》や銀で作られたコインに他の金属を混ぜ、減らした分の金や銀を政府の懐に入れてしまうのである。

道徳主義者、神学者、その他の知識人たちは、政府が通貨発行を独占するのを非難した。一四世紀、宗教者であり科学者であったニコール・オレーム（一三二三－一三八二）は『起源、自然、法、通貨の変更』を著した。その中でオレームはインフレーションを分析し、インフレーションを経済問題として結論付け、政府の通貨発行の独占を、道徳と経済的観点から厳しく批判した。ファン・デ・マリアナ（一五三六－一六二四）は『通貨の変容』という衝撃的な著書を著し、政府による発行の独占を「通貨の堕落」とし、それは窃盗の一種だと非難した。こうした異議申し立ては支配者たちに直接行なわれたのではなく、「通貨の品位を落とすことが経済成長を促す。だいたい、政府通貨の品位を落としているのではなく、通貨をより『融通の利く』ものにしているのだ」と人々を説得していた経済学者たちに対する反対意見の表明であった。

紙幣は、貴金属の通貨よりも政府の目的に適《かな》っていた。それは、紙幣発行によって、コインの質を落とすのではないかという一般国民の疑いや怒りを生じさせることなく、政府と政府に群がる人々を富ませることができたからだ。政府に必要なのは、紙幣を追加で大量に刷り、使うことであった。また、紙幣によってインフレーションが起きて物価が上昇しても、スケープゴートとして責任転嫁するのも容易であった。スケープゴートになったのは、不道徳な企業家、投機家、人々が憎むように教えられた前科者たちであった。

なぜ金と銀が通貨となるのか

歴史上、すべての物品は通貨として使われてきた。とりわけ、金《きん》と銀のような貴金属がよく使用されてきた。これらの貴金属は耐久性があり、小さく分けることも可能で、一グラム当たりの価値が相対的に高い。金は特に価値が高く、金貨は通常では日常生活での取引には使いづらかった。そうした理由から少額の取引には銀貨が使われるようになったのだ。そして、より少額の取引には銅貨が使われた。

政府は貴金属を使った通貨制度には反対する傾向がある。それは野心的な政治家に制限を加えるためである。紙幣はいくらでも再生産できるが、金は絶対に再生産できない。紙幣が、財物本位制（commodity standard《コモディティ・スタンダード》）の下で使用されると、ただの紙が通貨《カレンシー》となる。人々が望むならば、その紙幣は必ず貴金属である同等の金や銀と交換できなければならないのである。もし政府が、本当に保有している金や銀の量の裏付け以上の紙幣を勝手に発行すると、この兌換《だかん》（交換）システムはやがて信用を失う。人々が紙幣を貴金属と交換してくれと要求すると、信用秩序はすぐに崩壊してしまう。人々が手持ちの紙幣を貴金属に交換してくれと求めて殺到すると政府は通貨発行制度に支障をきたす。その事態を防ごうとして、政府は、「現在流通している紙幣は他の何にも交換できない」とするシステムに変更しようとする。これを法定不換紙幣《フィアット・マネー》という。そうしさえすれば、政府は無制限にお手盛りで通貨の供給を増加させることができるのだ。

財物本位制の下では必要とするだけの通貨を発行できないので、政府は借り入れか、徴税によって歳入を上げるしかない。政府による収奪という点で、インフレーションという静かな方法よりも、借り入れと徴税は、より明白で厳しい抵抗に遭う。ナショナル・シティ・バンク・オブ・ニューヨークの頭取だったW・ランドルフ・バーグスは、一九四九年にアメリカ銀行家協会の会議に出席し、次のように述べた。

歴史的に見て、通貨の価値を守る最良の方法は、金本位制である。金本位制とは通貨が金《きん》と交換できるという制度である。この制度は政治家に対する手綱《たづな》となる。政府による無駄遣いの増大は金の減少を招く。金の減少は、金の海外流出、もしくは政府の政策を信用しない人々によって紙幣から交換されるという方法で起こる。こうしたシステムによって、政府の支出には自動的に制限が加えられる。

現代の経済政策を立案している人々は金本位制を嫌っている。それは、彼らの権力に制限を加える制度だからだ。私は世界が、何らかの形の金本位制に戻る、と自信を持って述べる。それは多くの国の国民が、自国の政治指導者たちの過度の浪費から自分たちを守らねばならないことに気づいたからだ。[*5]

これから見ていくが、物品貨幣に反対する経済学的な主張は間違いだらけである。しかし、二〇世紀の偉大な経済学者の一人であるジョセフ・シュムペーターは、「ある人が金本位制に反対する間違った経済学的な主張すべてを受け入れ、『その通りだ』と考えるようになったとする。しかし同時に、その人がそれでも金本位制に賛成するのもまたもっともなことだ。それは、財物本位制だけが自由と共存できる通貨システムだからだ」と述べた。一九五〇年代初め、シュムペーターは、人々は金本位制という考えを次のように見るように教えられている、と記述した。

合理的な主張を受け付けないフェティシズムのような間違いだらけの主張がなされてい

る。私たちはまた、金本位制を支持する主張について、合理的で純粋に経済学的な主張を割り引いて聞くように教え込まれている。しかし、こうしたこととは無関係に、金本位制を馬鹿げているとする批判から、金本位制を救うポイントが存在する。金本位制には経済的な利点は見当たらないが、自然発生的な金貨というものは、自由放任、そして自由商業経済の重要な一部なのである。このことが、現在金本位制が不人気で、ブルジョアが支配していた時代には人気があった理由である。金本位制は、議会の批判にもびくともしないほど力のある政府や官僚たちに対して制限をかけることができる。金本位制はブルジョアの自由の象徴であり、保証をしてくれるものでもある。ブルジョアの自由とは、ブルジョアの利益追求の自由ではなく、ブルジョア的な自由な考え方を守ることを意味するのである。この観点からすれば、経済的な根拠に基づいて金本位制に反対する主張の正しさに納得したとしても、ある人間が金本位制を守ろうとするのは極めて合理的な行動である。[*6]

財物本位制の下では、消費者は窃盗の被害を心配して、所有する貴金属を通貨保管倉庫(money warehouse)《マネー・ウエアハウス》とも呼ぶべき場所に保管するのを好んだ。消費者は、所有する銀や物品貨幣になっている貴金属の一部を保管料として差し出し、保管倉庫の預かり証をもらう。消費者たちは、その保管証を他の保管倉庫や銀行に持って行って、所有する量の貴金属に換えてもらうことができた。自分の使っている通貨保管倉庫がきちんとしているという評判を得れば、消費者は、預かり証を使ってモノを購入できる利便性を手に入れるという幸運に恵まれた。それは預かり証を持って行けば、確実に銀などの貴金属に交換してもらえると人々が認識していたからだ。このような保管倉庫の預かり証が、銀行が発行する紙幣へと発展していったのだ。これらの紙幣は通貨の代替物であり、もしくは通貨として通用するものとなった。その場合には銀行が銀などを保有し、裏付けがしてある必要があった。[*7]

やがて通貨保管倉庫の経営者たちは、人々が倉庫の発行している預かり証を容易に銀と交換できると信頼しているということは、自分たちが倉庫に預かっている銀のほんの少ししか実際には引き出されない、ということに気づいた。つまり、預けている人たちは、自分が欲しいと思う銀をいつでも交換できると知っているので、いちいち預かり証を銀に交換しには来ない、ということに保管倉庫の経営者たちは気づいたのだ。

銀と交換できる預かり証が流通することで、商業活動は活発化した。保管倉庫の経営者たちは、預かり証との交換のために少量の銀を実際に保管倉庫に置いておき、その他の大量の銀は、利息を稼ぐために貸し出しても大丈夫だと確信するようになった。従って、保管倉庫の経営者たちは自分たちが預かっている銀に対応する以上の預かり証を発行し、流通させた。このシステムが洗練され、当座預金（checking deposits《チェッキング・デポジッツ》）となった。預かり証を保有している銀の裏付け以上に発行する制度が「部分準備」銀行制度になった。この制度では、銀行は、顧客が信頼して預けたお金の一部を保有し、その他を貸し出す。もし銀を預けている人全員、もしくは一部の人たちが一斉に銀を返すように求めたら、銀の返還が不可能となり、銀行は倒産してしまう。しかし、預けている人たちによる銀の一斉返還要求など起きそうにないので、銀行家たちは、預金額よりも多く貸し出しを実行しても安心していられるのである。*8

「取り付け騒ぎ（bank run《バンク・ラン》）」は、預金者が銀行の健全性に対する信頼を失い、群れをなして銀行に詰めかけ、自分の預金を引き出そうとするときに発生する。その際、預金者は、一斉に詰めかけても預金を返してもらえないなどとは考えない。預金者は自分の財産を守ろうとしているだけだ。現在の状況と歴史を見てみると、取り付け騒ぎは銀行が預金を返せないのが原因で起きているのに、預金者は、わがまま、反社会的、そして反愛国的として非難されている。

定期預金（time deposits《タイム・デポジッツ》）はまた別である。定期預金の場合、預金者はある期間内に預金を引き出すとその分のペナルティを課せられることに最初に同意している。銀行は定期預金として預かった資金は取り付けの懸念なしに貸し出すことができる。貸し出した資金が、預金者の定期預金が満期になる前までに返済されるようにすればよい。それによって銀行は、預金者からの引き出しに対応するのに十分の資金を用意できる。

連邦準備制度のような中央銀行は、各銀行の貸出による資金の創造に協力しているので、銀行システム全体が膨張する。連邦準備制度が新しく資金を創造することで、銀行システムが使える資金の量が増加する。また、利益を追求する銀行は、新しく得た資金を法律で決められた限度額いっぱいに貸し出す。銀行は、連邦準備制度から受けた資金の増加率と同じだけ貸出を増やす傾向がある。

　簡単に言うと、銀行の準備預金率の制限まで最大貸出ができるということである。準備預金というのはその名が示すとおり、中央銀行が各銀行に、預金者が引き出しても大丈夫な分の資金を保有しておくように義務付ける制度のことである。

　連邦準備制度が紙幣発行を独占しているので、銀行は紙幣を発行することはできない。しかし、当座預金という形で、実際の預金の裏付けのない貸出をすることができる。借り手が当座預金から現金を引き出したい場合、銀行は連邦準備制度から資金を借りて、預金者に返している。すべての銀行が同じ上昇率で通貨供給を拡大することで、ある銀行が発行した小切手を他の銀行で換金するというような様々な払い戻しの要求を、銀行間で協力して行なう傾向がある。銀行が連邦準備制度の望ましいと思う率を超えて貸出を増加させる場合、銀行は資金不足に陥ることがある。もし、各銀行がFF市場に回せるほどの預金を持ち、ある銀行が、短期的に資金を必要としている他の銀行に貸し出せるだけの余剰資金を持っていたとしても、資金不足は起こりうる。極端な場合には、連邦準備制度が、「最後の貸し手（lender of the last resort）《レンダー・オブ・ザ・ラスト・リゾート》」として行動する力を持ち、資金不足に陥った銀行に追加の資金を貸し出したり、銀行から資産を買い取って資金を融通したりする。

取り付け騒ぎが起きるのは銀行に責任がある。しかし、中央銀行と預金保護制度の存在によって、取り付け騒ぎの発生の可能性は低くすることができる。

中央銀行と預金保護制度によって銀行は救済されることになっているし、人々はこうした制度が健全であると誤解させられているのだ。その結果、銀行は倒産しないようになった。そして銀行部門全体が純粋な競争に晒《さら》されることがなくなり、同じような人々が同じような戦略と慣習を行なうだけになってしまった。[*9]

アメリカでは一九〇七年の恐慌が発生した際、銀行が預金者に預金を返還するという義務を果たせなかったために、中央銀行設立への機運が高まった。一九〇七年一〇月二一日、ニューヨークのニッカボッカー信託銀行の破綻に端を発する取り付け騒ぎが発生した。その三日後、ニューヨークで二番目に大きい信託銀行でも取り付け騒ぎが起きた。各銀行が自分たちの預金を保護してくれないと考えた預金者たちは、アメリカ国中の銀行に押しかけ、預金の引き出しを求めた。銀行は預金者からの引き出し要求に応じられなかった。それは、引き出し要求に応じられるだけの現金を持っておらず、預金の多くを、利息を稼ぐために貸出に回していたからだ。銀行はこうした預金者からの預金返還の要求に応じるために、大量の債券を売って現金化しなくてはならなかったが、債券の価格は下落し、銀行の保有する資産の価値も下落した。[*10]

経済学者のジーン・スマイリーは、一九〇七年に発生した恐慌と取り付け騒ぎを次のように解説している。「アメリカ国内には、銀行が追加の資金を必要としているときに資金を貸し出す、最後の貸し手や銀行のための銀行のような存在がなかった。二〇世紀の初頭、そのような機関の創設の必要性が高まった」[*11]

スマイリーは自由市場を信奉する経済学者だが、通貨に関しては規制すべきだと考えている。従って、スマイリーは、政府による解決を求めないが、ある重要な疑問に対する答えは用意してあることが分かる。それは、銀行が預金者の要求に応じるだけの資金を持っていないという緊急時に、銀行を助けることができる機関の「必要性」が高まっていたと書いていることで分かる。しかし、そもそも銀行が、預金者の金《かね》を無責任にもてあそぶような運用をすべきではないというのは間違った考えなのだろうか？　私は、銀行が誠実に対応するか、それができなければ倒産し、清算させる「必要」があると主張する。このような主張が全くなされなければ、金融部門に「救済策に頼ればよい」とするメンタリティーがはびこることになる。[*12]

そして連邦準備制度が誕生した

長い期間存続しているすべての機関と同じように、連邦準備制度は、学者たちの怠慢によって利益を受けている。連邦準備制度は、「連邦準備制度のような機関こそ研究に値する」と学者たちに思わせないことに成功している。「政治権力を懐疑的に見てチェックする（question《クエスチョン・》 authority《オーソリティー》)」をモットーにしているような人でさえ、連邦準備制度については口をつぐんでしまう。学者の怠慢によって、小学校から習ってきた教科書に書いてある政府のあり方が現実にもそのまま存在するという子供じみた考えをアメリカ人が持つようになってしまっている。そうした子供のような考えを持ったアメリカ人は、国民が自然発生的に銀行システムの改革を求めるとき、公共に奉仕する心にあふれ、公共財の充実に力を注ぐ政治家たちがアクションを起こし、適切な立法をしてくれると考えてしまう。そしてその結果として、政治家たちは通貨システム全体を管理し、現代最高の経済学を基に運営される機関を創設する、ということになる。

こんなシナリオは全くもって正しくない。

多くのアメリカ人が連邦準備制度についてほとんど何も考えたこともないが、連邦準備制度ができた経緯については大体分かっているという振りをする。連邦準備制度が創設された経緯とは以下の通りである。

一九一三年に連邦準備制度法が可決された。この法律は、公益のために作られた法律の振りをしているが、実際は、銀行家のための法律であった。実際のところは、民間の銀行家たちが、連邦準備制度法の草案を書いたのだ。一九一〇年、ジョージア州のジキル島（Jekyll Island）に銀行家が一堂に会し、草案を書いたのだ。こんなことを書くと、私が変人で、私の話を真面目に聞くのは馬鹿らしいと思われるだろう。私たちは、このことが、特別利益団体が歴史上で唯一、自分たちの利益のためではなく公共の利益のために法律の草案を書いたと信じることもできる。また、銀行家たちの意図は、社会全体の利益を犠牲にして、銀行に特権を与えることであったと考えることもできる。奇妙なことに、通常は銀行家や企業家の魂胆《こんたん》を面白おかしく書き立てる人々でさえ、連邦準備制度が特別な利益グループの意図によって生み出されたのではないかと疑うことさえしない。

連邦準備制度はアメリカの通貨供給をコントロールし、金利の上げ下げに影響を与えている。また、連邦準備制度は「最後の貸し手」として機能している。人々は、連邦準備制度が通貨供給を増やすことを「紙幣を刷る」という表現を使っているが、実際には、連邦準備制度は、紙幣を刷ってそれを流通させているわけではない。連邦準備制度は、「公開市場操作（open-market《オープン・マーケット・》 operations《オペレーション》）」と呼ばれる方法を採っている。この内容は連邦準備制度による有価証券の売買を意味している。[*13]

詳しく見ていこう。連邦準備制度は有価証券を購入するが、通常はアメリカ政府発行の国債を購入する。通貨供給を増加させたい場合には国債を購入する。例えば、国債の取り扱い企業から一〇億ドル分の米国債を購入するとしよう。連邦準備制度は一〇億ドル分の小切手を書き、それをゴールドマン・サックス社などの企業に渡し、国債を受け取る。こうした方法で、何もないところから一〇億ドルを作り出すのだ。

ゴールドマン・サックス社はその一〇億ドル分の小切手を自分の銀行部門に預金する。銀行部門は「ゴールドマン・サックス社の金《かね》」というプレートを付けた部屋に一〇億ドルの現金を置いておくわけではない。銀行部門は、一〇億ドルのほとんどを貸出に回す。全部回さないのは、法律によって、少しは銀行に残しておくように決められているためだ。ほとんどの銀行が預金の多くを連邦準備制度内にある自分の口座に入れておく。そして、自行の金庫には、預金者の日々の要求に応えられるだけの現金を置いておく。ある銀行が金を貸し出し、それを使って借り手が支払いをする。支払われた金が他行の口座に入る。そして、その金がまた貸し出される、というプロセスで信用創造が行なわれる。

準備預金率が一〇％の場合、最初に一〇億ドルの預金がなされてから、信用創造のプロセスを経て、最終的に九〇億ドルの貸出がなされるようになる。最初の一〇億ドルは何もないところから、つまり、連邦準備制度が国債を買うための小切手によって生み出された。部分準備銀行制度によってさらに九〇億ドルの貸し出しが可能となった。連邦準備制度が通貨供給を減少させたい場合には逆のプロセスをたどる。保有する国債を銀行に売却する。そして現金を受け取る。こうした方法で部分準備銀行制度によって増やされた通貨供給は、流通させられていた通貨を経済から回収するのである。[*14]

連邦準備制度は公開市場操作以外にも通貨供給をコントロールできる手段を持っている。一つには公定歩合を上げ下げすることである。公定歩合とは、連邦準備制度が銀行に貸し出す際の金利のことである。

もう一つは、銀行の準備預金率の変更である。これは、連邦準備制度が各銀行に対して一定の預金額を自行の口座に残しておく割合を命令することで、その数字は五%、一〇%、二〇%など、連邦準備制度が恣意的に決定することができる。準備預金率が低くなると銀行は貸出量を増やすことができ、連邦準備制度による操作の効果が大きくなる。

インフレーションとは何か？　なぜインフレーションは悪なのか？

インフレーションは「物価全般の上昇」と定義され、経済学者もこれを簡略な定義としては正しいとしているが、インフレーションとは厳密には「通貨供給量の増加」のことである。巷《こう》間《かん》言われているのとは異なり、通貨供給量の増加によって、物価が上昇するという順序になっている。特に、物品の裏付けのない貨幣の流通量の増加を意味する。つまり、インフレーションとは、金《きん》と交換できる紙幣の流通量の増加率が、金の流通量の増加率よりも高い率を示すことである。現在の世界の国々が採用する法定不換紙幣制度とは、物品の裏付けのない紙幣が流通する制度のことである。この制度の下では、インフレーションとはただ単に、紙幣の流通量が増加することを意味する。*15

従って、人々がインフレーションという言葉で表現する諸物価の上昇自体はインフレーションではない。物価の上昇は通貨供給量の増大の「結果」である。インフレーションという言葉は物価の上昇圧力を意味している。物価上昇は、通貨の供給量が増えたのに財の供給量が変わらないために起こる。この場合、買い手は財の購入のために金《かね》をもっと出してもよいとし、売り手は価格を上げることができる。

しかし、物価の上昇の伴わないインフレーションが発生することがある。例えば、財が大量に市場に出回ることで価格が下がる。その際に、価格の下落を防ごうと通貨供給量が増やされる。それによって価格上昇の圧力が生まれる。その圧力によって価格の下落が相殺《そうさい》され、物価は変わらず安定することになる。物価の上昇がないので人々は気づかないが、通貨供給量は増加している。この場合、インフレーションによって、物価の下落で進むはずだった私たちの生活水準の向上は妨げられる。

インフレーションに対しての最も一般的な不平不満は、インフレーションによって、収入が上がらない人たちの生活が苦しくなるというものだ。物価が上がる一方で、収入が上がらない状態では生活は苦しい。これは確かに良くないことだ。しかし、インフレーションの引き起こす問題は、消費者物価の上昇などよりはるかに深刻である。

次の疑問について考えてみよう。新しく作り出された通貨は、どのような順序と方法で経済全体に流通するようになるのか？　政府が通貨供給を増加させる場合、新しく供給された通貨はすべての人々に同時に、バランス良く行きわたることはない。新しく作り出された通貨は様々なポイントから経済に入っていく。

新しく作り出された通貨を最初に受け取るのは、政治的に優遇されている者たちである。例えば、政府と取引がある銀行や企業がそれに当たる。政府はそれらの銀行や企業との取引を通じて金を使う。これらの恵まれた金の受け手は、インフレーションによって物価が上昇する前に新しく作り出された通貨を受け取る。そのときには、経済全体でどれくらいの通貨が新しく作り出されるか分からないので、物価も変動しにくい。新しく作り出された通貨が経済全体に行きわたると、物価はすべての分野で上昇するようになる。しかし、このプロセスが進んでも、インフレーションが起きる前に金を受け取っていた恵まれた企業は、物価上昇前の価格で原材料を購入していたので、それで利益を得る。それはまるで、自分たちの製品の買い手たちから少しずつ収奪しているようなものだ。一般の人々が新しく作り出された通貨を、収入の増加分、もしくは借り入れコストの減少分の形で受け取るときには、物価は上昇を始めてしばらく経っており、収入の増加分がなかったときに、高い物価のモノを購入していた。普通の人々の手元に新しく作り出された通貨がいきつく前に、通貨の価値は減少してしまっている。

新しく作り出された通貨について違った考え方をしてみよう。お金とは、ある人がモノやサービスを提供した対価として得られるものである。ある人がリンゴを買う場合、買うという行為の前に、自分のモノやサービスを提供して金を得ている。だから、その人はリンゴを買えるのだ。それは、その人が、誰かが必要としていた財やサービスを提供したからだ。

それでは、政府と関係がある企業や銀行が連邦準備銀行の恩恵を受け、新しく発行された通貨が彼らに流入している状況を想像してみよう。この通貨は何の裏付けもなく、何か財やサービスを売った結果でもない。従って、優遇されている企業がそうした通貨を使用する場合、企業は自分では何も提供しないで、そうした通貨を使って財やサービスを経済から奪っていると言うことができる。社会全体の利益を犠牲にして自分たちが利益を得ていることになる。優遇されている企業は財のストックから、見返りなしに財を奪っているのだ。彼らが支払いに使う金は、彼ら自身が財やサービスを提供して得た金ではない。その金は何もないところから生み出されたのだ。

物々交換のシステムに置き換えて考えてみよう。自分はパンを持っていて、ジュースを欲しいと思っている。そして、パンとジュースを交換するのではなく、ジュースを盗む。これが優遇されている企業がやっていることだ。

もう一つの問題は、インフレーションは貯蓄を妨げる。人々が自分の持っている金《かね》の価値が時間を経ると減少すると分かっている場合、彼らは、金を貯めてその購買力が落ちていくのを選ぶより、金をすぐに使う方を選ぶ。倹約という古臭い美徳が軽蔑され、見下されるようになった。そして、すぐに満足を得ることが良いこととされるようになった。

インフレーションの極端な形態であるハイパー・インフレーションでは、この貯蓄の軽蔑という現象が顕著に現れる。ハイパー・インフレーションの状況下では、どんなモノでもすぐに消費されてしまう。人々が通貨当局は通貨供給を増やし続け、通貨の価値を下げようとしていると知ったら、通貨の購買力がなくなる前に、彼らは競い合うようにして通貨を消費する。これは「実物への回避（flight into real values）《フライト・イントゥー・リアル・バリューズ》」と呼ばれる現象だ。この現象は、人々が通貨を所有するのを放棄して、それを自分たちが手に入れることのできる実物に交換する。ハイパー・インフレーションの間に金《かね》を貯蓄しようとするのは、少し頭が足りない人だ。なぜなら、ハイパー・インフレーションによって、金《かね》の価値が奪われてしまう危険性が高いからだ。しかし、こうした話は極端なケースである。一般的な教訓は、インフレーションは貯蓄を妨げるというものだ。

何の裏付けもない紙幣が出現する以前、人々は、未来と老後に備えて、通貨として流通していた金貨や銀貨を貯蓄していた。金貨や銀貨は時間を経ても、その価値が保たれるか、もしくは上昇した。それは、コインに含有される金や銀の量が一定に保たれていたからだ。その一方で、経済全体で取引される財やサービスの量は増加していった。現在では、何の裏付けもない紙幣は時間が経つごとに価値が減少していく。そんな状況で、連邦準備制度が発行した紙切れ（ドル紙幣）を貯蓄することで老後に備えようとするのは少し頭の足りない人だけである。インフレーションに追いつくために、その人は金融市場に手を出さざるを得なくなる。その可哀想な人は金融市場で、自分の持っている金《かね》を投資するという、困難な、そして高いリスクを伴う決断をしなくてはならない。投資という危険を冒すのは、自分の目の前で、老後のための虎の子の資金が価値を失っていくのを防ぐためだ。[*16]

連邦準備制度は国債の購入や銀行の準備預金を増加させて通貨供給を増やす。通貨供給の増加によってもたらされる結果は、通貨の価値の下落だけではない。通貨供給の増加によって、リスクの高い行動が増え、貸し付け基準が引き下げられ、景気循環が起こるのだ。こうした現象を促進し、経済を深刻なまでに破壊した後に、連邦準備制度はさらに経済を破壊することができる。それは、最も無責任な行動を取った経済主体を救済するという方法を取る。

通貨を専門とする経済学者のホイヘ・グルド・ハルシュマンは次のように書いている。「紙幣を発行する主体は、すべての市場参加者を救済できる、ほとんど無制限と言ってよいほどの能力を持つ。この能力によって、〝モラル・ハザード〟として知られる問題が発生する。紙幣を発行する主体と個人的に、もしくは職業的に良い関係を持っている市場参加者はリスクがかなり高い事業に投資する。その投資が失敗しても、紙幣を発行する主体が彼らを救済する」[*17]

この項で語ってきた問題のすべては、金貨や銀貨のような物品貨幣が流通していれば避けられるはずの問題である。金貨や銀貨の供給量は紙幣ほど容易には増やせない。しかし、物品貨幣に返る可能性はないので、私たちがテレビで見る評論家たちも、揶揄《やゆ》するとき以外には物品貨幣に言及することはない。その一方で、彼らは、政府の独占的な力と中央銀行の通貨と金利の操作によって生み出された問題を、無責任にも「自由市場」のせいにして批判している。

物価が上昇する本当の原因とは

これまで見てきたように、物価の上昇は通貨供給量の増加の結果である。より多くの通貨が作り出され流通すると、通貨そのものの価値が下がり、財を購入する際により多くの通貨が必要となる。しかし、政治家は私たちに対して、物価の上昇は政府のせいではなく、経済的に卑怯な悪者たちのせいだと説得しようとしている。

政府というものは伝統的に、不人気ゆえにスケープゴートにされやすい無実の人々に物価上昇の責任を押しつけてきた。従って、長年にわたり、物価の上昇は、労働組合、強欲な企業家、投機家のような存在のせいにされてきた。そのような粗雑な主張は最近ではさすがに聞かれなくなった。にもかかわらず、インフレーションについての粗雑な解説は相変わらず垂れ流されている状況だ。その具体例としては、石油価格の高騰や「経済の過熱」といったものである。

多くのアメリカ人が、石油価格の高騰がインフレーションを引き起こすと信じている。その主張によれば、ガソリンは経済活動においてとても重要であり、様々な財の生産プロセス（財の運搬など）にガソリンが関わっているので、石油価格の高騰によって、すべての製品の価格とは言わないまでも、多くの製品の価格が上昇してしまう。

実際には、石油価格の高騰は物価の上昇を引き起こしてはいない。ガソリンの一ガロン当たりの価格が上昇する場合、人々は、価格の上昇前に比べて、多くの金をガソリンに使うようになる。そして、石油以外の財やサービスを買うためのお金が少なくなる。これが、「コスト・プッシュ（cost-push）」〔訳者註：賃金や原材料費の上昇による物価全般の上昇〕がインフレーションの原因だとする解説の根本的な間違いである。これは、ガソリンのようなある一つの物品の価格が上昇しているのですべての物品の価格が上昇する、という説明である。

人々がガソリン以外の財やサービスに充てられる金《かね》が少なくなると、ガソリン以外の財やサービスの価格を下げようとする圧力が発生する。従って、ガソリン価格が上昇し、ガソリン価格の動きにつられ易く、需要が決まっているような財やサービスの価格までもが上昇したら、人々の他の財やサービスに割ける金が少なくなる。そして、ガソリン以外の財やサービスの需要が減るとともに、価格も下落する。従って、ガソリン価格が上昇しても、それがすべての財やサービスの価格を上昇させることにはならない。

ある人々は、「コスト・プッシュ」はクレジットカードによってその説明の正しさが証明されると主張する。クレジットカードを利用すれば、価格が上昇したガソリンもそれまで通り買うことができ、また、その他の財やサービスもまた変わらずに買える。しかし、正貨を基礎としている経済においては、クレジットカードを使う前提として貯蓄がなければならない。貯蓄がまず行なわれなければ、信用による貸出も行なわれない。クレジットカードによる追加の消費は、その保有者が消費をせずに貯蓄に回したことによって可能となる。だからこそ、クレジットカードの利用による物価の上昇は起きない。

すべての財やサービスの価格が一斉に上昇する事態が起こるのは、すべての財やサービスの供給が同時に減少するときを除けば、経済全体で流通している貨幣量が増大したときのみである。通貨供給量が増大するときのみ、アメリカ国民は、価格が上昇したガソリンも、その他の財やサービスも、それまで通りに購入するために金を使うことができる。このとき人々は、ガソリンの購入に金がかかるからと言って、他の財やサービスの購入にかかる出費を切り詰める必要がなくなる。ガソリンとその他の財やサービスの購入に金を使うと、経済全体で消費が増えるので、物価は上昇する。今現在の法定不換紙幣システムの下では、連邦準備制度だけが通貨供給量を増加させることができる。この理由から、連邦準備制度には、物価上昇の責任があるのだ。

デフレーションは「結果」であって「原因」ではない

経済紙など主流派のマスコミは、デフレーションについて、非合理的で、ヒステリーのような懸念を表明している。「インフレーション」という単語と同じで、「デフレーション」という単語は、二〇世紀を通じてその定義が変化してきた。あるときは通貨供給量の減少のことをデフレーションと言い、現在では、消費者物価の下落を意味する。通貨供給量の減少という意味でも、消費者物価の下落という意味でも、デフレーションという単語は、現代経済にとっての大きな脅威であると考えられている。「物品貨幣（commodity money）《コモディティー・マネー》」への批判の一つに、物品貨幣がデフレーションを防ぐことができない、というものがある。

デフレーションが社会の脅威になっているという主張に反論する人々は、一般的に、金《きん》の供給量が年を経るごとに減少しているとは言っていない。それどころか、金の供給量は少しずつだが増加している。主張の内容は、金の供給量の増加のペースが、その他の財物の供給のペースに追いついていないということだ。この結果、物価は下落する。物価の下落は、経済不況の原因となると考えられてきた。

しかしながら、物価の下落が経済不況の「原因」とはならない。物価の下落は、発達を続ける市場経済に生じた「結果」である。物品貨幣が発行されている場合、消費者物価は時間の経過とともに、下落する傾向にある。通貨供給が、比較的一定であるか、ゆっくり増加する一方で、資本投資と、それに伴う市場経済全体の生産性の向上によって、財やサービスの生産量が増加する。単純に考えてみると、流通している通貨の量が同じで、財物の量が増えるのだから、物価は下がる。この健全なプロセスが何か悪いことをもたらすことも、経済にとって問題になることもない。経済学者ジョセフ・サラーノはこのプロセスを「成長デフレーション（growth《グロウス》・deflation《デフレーション》）」と呼んでいる。

一七八九年から一九一三年までのアメリカ経済はまさに「成長デフレーション」プロセスにあった。この期間、アメリカ経済は成長し、繁栄の極みに達した。近年の中国もまた「成長デフレーション」の中にある。一九九八年から二〇〇一年にかけて中国の小売物価は年間で〇・八％から三％の幅で下落している。同じ期間で、実質ＧＤＰは年平均七・六％も成長している。

私たちは、法定不換紙幣が流通する世界で生活している。そして、物価が年々上がっていくのを目の当たりにしている。私たちは、物価の上昇は「特別な理由もなく、起こるべくして起きることだ」と考えている。しかし、法定不換紙幣によってこのようなインフレーションが起こりやすい環境が作り出されていても、ある特定の部門では「成長デフレーション」のプロセスが見られることを指摘したい。それはハイテク製品においてである。コンピュータの価格は劇的に下落してきた。それでも、コンピュータ企業は繁栄を続けている。一九九九年、コンピュータ産業ではデフレーションが起きていたが、出荷数は四三〇〇万台に上った。一九八〇年の出荷数は四九万台であった。一九八〇年から一九九九年までの約二〇年間で、一メガバイト当たりの価格は九〇％も下落した。消費者は価格の下落によって利益を得た。

経済全体での成長デフレーションは、消費者にとっては利益となる。生活水準は向上し、投資の増加によって生産性が向上すると、生産物の供給の増加によって物価が下落するからだ。連邦準備制度は、「物価の下落」という大きな危険からアメリカ国民を救うと約束している。そのためには何も裏付けのない紙幣をいくらでも刷ることさえ厭《いと》わないとしている。これについて、ピーター・シフは次のように批判している。「政府は『物価の安定』などと言っているが、実際は、年間二～三％の物価上昇を容認している。物価上昇によって、政府は国民が物価下落で得られるはずの利益を奪っている。また物価の安定という騙《だま》しを行ない、それによって、国民から票を買う。そのために国民から富を奪っている。簡単に言うと、有権者の生活水準を犠牲にしながら、自分たちが再選されるように仕向けているのだ」

物価のデフレーションについては以上としよう。それでは、通貨供給が減少したら何が起きるだろうか。例えば、銀行が倒産したら、何の裏付けもなく刷り散らかした紙幣は、銀行とともに消えてなくなってしまう。物品貨幣の場合、政府は、通貨供給の減少に伴う物価下落を防ぐ方法を持たない。政府は何とかしようとするだろうが、無駄に終わる。物価の下落は良いことなのである。通貨供給の増加によるインフレーションの発生後、需要と供給の実態に合わせた財物の価格が合理的なものになるように再調整が行なわれているとき、政府が通貨供給を操作してしまうと、その結果は、このプロセスを歪め、機能しなくさせてしまうことになる。

さらに言うと、物品貨幣の場合、インフレーションによって物価が高騰することはない。それは通貨供給量が増加しないからだ。銀行は、裏付けなしに紙幣を勝手に発行することはできない。それは、紙幣を金《きん》など現物に交換するよう要求されることが多いからだ。

経済活動の減速は物価下落のせいではない。物価の下落は、インフレーションを伴うバブル景気がはじけたことによって起きることがある。インフレーションがしばらく続いたあと、物価が下落する。その際、資本と労働力は新たな生産部門に再配分される。この経済の再調整プロセスに政府が介入してしまうと、消費者の福利は全く増進されないことになる。

企業家の役割とは、その企業が作る製品に影響を与えるすべての要素を考慮に入れて、経営をすることである。その要素とは、生産コストや消費者物価だけでなく、通貨供給量、銀行と株式市場の健全性なども含まれる。その企業家が物価の下落や、貸出超過となった銀行が貸出停止寸前にまでなり、その結果として通貨供給量の減少が予測されると、企業家は労働者への賃金、製品原価のカット、製品の卸売価格の引き下げで対応する。これを経済学者たちは「生産要素（factors of production《ファクターズ・オブ・プロダクション》）」と呼んでいる。

次のように反論する人もいるだろう。「生産要素を製造・販売している企業が、製品価格の引き下げを拒否したらどうなるか？　その企業が価格の引き下げを拒否しても、他の企業と、もっと良い条件の申し出を受けて、高い価格で取引を行なうことができるはずだ。経済とは、すべての参加者が収益を上げることができるようになっている。最初の企業家は、取引先が収益を上げられる価格を提示しなければ、自分の製品に必要な生産要素を購入するための資金を手に入れられない。取引先最初の企業家と同じような状況にいる。彼も自分が収益を十分に上げられる価格でなければ取引はしないはずだ」と。

銀行の貸出の減少とそれに伴う経営予想の狂いを避ける最良の方法は、人為的に通貨供給量を増加させることではない。この点で、物品貨幣は利点を持っている。その利点とは、政府が通貨供給を操作できないことである。

二〇〇四年、学界誌「アメリカン・エコノミック・レビュー」の中で、過去一〇〇年間の一七カ国におけるデフレーションに絡んだ事例が紹介された。それらを研究した結果、大恐慌を除いた九〇%のケースで、デフレーションの後に恐慌は発生していなかった。研究にあたった経済学者たちは次のように結論付けた。「歴史を振り返ってみると、大恐慌を除き、デフレーションと恐慌が関連しているという考えは正しくないと言える」。物価の下落は景気後退の原因ではない。物価下落は好景気の真っただ中で起きることが多い。物価下落は景気後退の結果であって、その原因ではない。

人工的に通貨を作り出すことの問題点

これまで見てきたように、連邦準備制度は銀行への通貨供給量を増やす力を持っている。部分準備制度を使えば、通貨量を時間の経過とともに何倍にもすることができる。連邦準備制度が供給する通貨量を増やせば増やすほど、銀行が貸し出せる通貨量も増加する。連邦準備制度に対しては、部分準備制度を使って経済全体にもっと通貨を供給するようにと求める声がある。それは「連邦準備制度には金利を下げてもらって、借入れも貸出しも容易にしてほしい。それによって国民は豊かになる」という要求だ。このような声は各界から聞かれる。政治家、メディア、特に報道機関としての矜持《きょうじ》を忘れた商業メディア、そして左右両派の専門家と、多くの人々が声を上げている。

彼らの要求こそは、現代の経済に関する迷信の最たるものである。

絶海の孤島で孤独な生活をしているロビンソン・クルーソーを想像してみてほしい。ある日、クルーソーは網を作って魚を捕まえようと決心する。それによって、素手で魚を捕っていたこれまでよりも、効率的に魚を手に入れられるようになる。網を作るのに三日間かかると仮定しよう。その三日間、彼はどうやって食料を得て生き延びればよいだろうか？　網を作る計画を進める前に、クルーソーは、魚をいつもより多く捕まえておかねばならない。そして残った魚を、網作りに没頭する三日間の生存のための食料にする。言い換えるならば、貯蓄である。クルーソーの場合は、いつもより多く取った魚は、何かを生産し始め、それを完成させるためにどうしても必要な要素となる。[*18]

クルーソーの話は一個人の話に過ぎないが、そこから得られる教訓はすべての国家にあてはまる。得られる経済学的な教訓は、クルーソーが網を作る話のように、個人がプロジェクトに投資する場合、そのプロジェクトが完成するまで見守ることができるだけの貯蓄が必要だということだ。これは、経済活動を行なう資本家たちにもあてはまる教訓だ。資本家たちがあるプロジェクトを始める場合には、そのプロジェクトが時間がかかるなら、その完成まで見届けられるだけの貯蓄が必要である。そうでなければ、資本家たちは、プロジェクトを計画通りに完成させることができない。

実物資源だけがプロジェクトを完成させるのに必要な要素だ。緑色をした小さな紙切れ（ドル紙幣）を刷って配っても、資本家たちはそれを貯蓄に回さない。しかし、プロジェクトの完成には貯蓄が何よりも必要なのだ。

人工的に通貨を作り出すことの問題点をより深く理解するために、物々交換経済《バーター》について考えてみたい。

あるパン屋がパンを一〇斤焼き、そのうち二斤を食べ、残りの八斤を貯めておくことにしたと仮定する。[*19] パン屋は、貯めておいた八斤のパンを靴一足と交換するために靴屋に差し出した。靴は来週に出来あがる。靴が完成するまで、パン屋は靴屋にパンを貸す形になる。靴屋は、パンを得たことで靴作りに没頭できる。物々交換のこの例に、信用取引の根本を見ることができる。ひとつの実物資源、この場合パンは、別の実物資源、靴と交換することができる。パン屋は自分が焼いて貯めておいた以上のパンをどこか他から借りてくることはできない。パン屋が靴屋からもっと靴を貰い、信用を増やす唯一の方法は、実物資源の供給を増やすことだ。それは、パンをもっと焼くことだ。

つきつめると、この実物資源の話から得られる教訓は、連邦準備制度が貸出を通じて経済全体の通貨量を増やすように求めるのは馬鹿げたことだ、というものだ。連邦準備制度は、経済に注入できる実物資源を何も持っていない。貸し出しはあくまで実物資源の裏付けがあってなされるべきだ。貯蓄がない人が貸し出しなどできるはずがない。

パン屋と靴屋の話の根本は、通貨が導入された後でも全く変わらない。通貨経済において、パン屋は、パンを売ってドルを得る。そしてパン屋は靴屋にそのドルを貸す。パン屋の稼いだドルは実物資産と同じだ。実物資産と交換されていないドル紙幣が経済全体に流れ込んでも、実物資源供給の増加にはつながらない。ドル紙幣の経済への流入によって既存の資源の価格は上昇する。それは、ドル紙幣の供給が増加する一方で、財やサービスの供給量は変わらないからだ。

パン屋と靴屋の話に戻ろう。今回はパン屋一人と靴屋が二人の光景を想像してみよう。新しく現れた靴屋は、最初の靴屋と同じく、靴を生産する間の食料のために、パン屋からパン八斤を借りたいと思っている。この靴屋も靴一足を完成させるのに一週間かかる。二人の靴屋がパンを得て生活をし、靴を作るための唯一の方法は、パン屋がもっとパンを焼き、もっと多くのパンを貯めておくことである。パン屋は少なくともパン一六斤を貯める必要がある。それによって靴屋は、それぞれ八斤のパンを手に入れることができる。八斤のパンを靴屋に与えることで、パン屋は、靴屋が生産活動に従事する間の生存を保証する貸出を行なえるのだ。

それでは、通貨経済において起こりうる、二つのシナリオを見ていこう。

シナリオ［一］＝パン屋は一八斤のパンを焼く。そのうちの二斤を自分で消費する。残りの一六斤を、一斤一ドルで売る。合計で一六ドルが手に入る。パン屋はこの一六ドルを銀行に預金する。銀行は二人の靴屋にそれぞれ八ドルずつ貸し出す。

このやり方で経済は持続的に成長する。十分な貯蓄があり、それによって、すべての生産プロジェクトを完成させることができるからだ。

シナリオ［二］＝パン屋は一〇斤のパンを焼く。二斤を自分で消費する。残りを一斤一ドルで売る。合計で八ドルを手にする。その八ドルを銀行に預金する。銀行は靴屋一人に八ドルを貸し出す。その後、もう一人の靴屋がやって来て、どうしても八ドルが必要だとして借り受けを銀行に申し込む。銀行は八ドルを何もないところから作り出し、預金の裏付けもないまま、それをもう一人の靴屋に貸し出す。

この場合、経済は持続的には成長できない。預金が十分にないので、生産プロセスのうち、完成できないものが出てくる。確かに、二人の靴屋はそれぞれ必要な八ドルを手にしている。しかし、靴屋たちがパンを買いにパン屋に行くと、パンの値段はすでに上昇している。彼らは、借り受けた金が自分たちの生活を支えるに足る実物資源（＝パン）を買うのに十分な価値を持っていないことに気づく。

この話は、思慮深い経済学者が、貸出は実質預金の裏付けがなければならず、何もないところから紙幣を刷る形で、貸出のための通貨を作り出してはいけないと主張する際の根拠となる。パン屋と靴屋の話では、銀行が必要だからと言ってドルを何もないところから刷り出す。これは連邦準備制度が何もないところから通貨を作り出し、必要とする銀行に与えているのと同じだ。

しかし、単純な事実として、経済にはパンが八斤しか存在しないのだ。ベン・バーナンキ率いる連邦準備制度は実物を何も持っていない。パンすら持っていない。そして彼らの金融の操作方法では実物資源を作り出すことはできない。世界中の通貨操作の方法をもってしても、現実が課す制限に打ち勝つことはできない。

パン屋と靴屋の話では、パンの供給の増加がなくても、通貨供給量だけ増加されている。靴屋が新しく作り出されたドルを使ってパンを買うと、その靴屋は、必然的に、他の経済活動から資源を奪っていると言える。純粋に富を創造している人々が、貸出が続けられれば生き残ることができるバブル経済の活動に従事している企業家と、資源の取り合いをしなければならないと気づけば、富の創造活動自体が弱まってしまう。

パン屋と靴屋のこの話は、極端に単純化された、原始的な経済の話である。しかしそれでも、裏付けのない通貨が供給されることで生産活動が持続できないようになることは明らかにされた。アメリカ合衆国のような近代的な経済においては、資本は集約化され巨大になり、生産プロセスは複雑化している。そして、資源が間違って配分されていることが明らかになるまで時間がかかる。二人の靴屋は、自分たち二人が靴屋を続けていても、経済は支えきれないことにすぐに気がつく。それはつまり、どちらかの労働力が無駄に使われている、ということだ。進んだ経済においては、問題が明らかになるまで時間がかかる。しかし、原理原則はどの経済でも同じだ。資源が投入されず、通貨だけが人為的に経済に注入されると、実質貯蓄では経済が支えきれなくなる。[*20]

金《きん》の使用に反対する主張、その間違いの数々

経済学者を含む物品通貨を非難する人々の大部分が、物品貨幣についての論文など、何ひとつ読まずに、繰り返し主張される間違った言説を根拠にしている。そんなものは、ほんの少しでも精査してみれば、その間違いが明らかになるものばかりだ。

彼らが物品貨幣について語る機会はほとんどないが、語らねばならないとき、評論家たちは、金本位制など財物本位制度は、古めかしく、時代遅れだと主張する。彼らそれをまるでいっぱしの立派な主張であるかのように語る。それに対してはいくつかの反論がなされてきた。以下、

それらについて見ていこう。

●金と銀は柔軟性が十分ではない。もっと柔軟性に富んだ通貨が必要だ。

「柔軟性」という言葉を、評論家たちは「政府が簡単に供給量を増やせる」という意味で使っている。「柔軟性」という言葉は単純な言葉ではないにもかかわらず、頻繁に使用されているのだ。「政府が供給量を増加できる」という意味では、金《きん》や銀には柔軟性がない。何もないところから金や銀を作り出して、政府が優遇したいと思っている有権者たちに配ることはできない。金や銀は無限に複製することはできない。金や銀が複製できてしまえば、人々の貯蓄の価値をゼロにしてしまう。しかし、複製ができないのは金や銀の欠点ではない。これはむしろ長所である。

金と銀には「柔軟性」が欠けているという批判は、突き詰めれば、財物本位制の下では、企業に対する貸出量を増やせないので、経済成長率が低くなる、という素朴な主張となる。財物本位制の下では、銀行の発行する紙幣はいつでも金と交換できるので、銀行は、企業に貸し付けるためだけに、裏付けのない紙幣を追加的に発行しない。また、取り付け騒ぎを恐れて紙幣の発行はしにくくなる。銀行はもっと「柔軟に」なる必要がある。そのためには、何もないところから通貨を作り出し、それを貸し出さねばならない。それによって、銀行は豊かになる。これらは本当に馬鹿げた話だ。

これまで金の使用に反対する主張に含まれる間違いを見てきた。もう一度言うが、通貨が富ではないと理解することと、貸出量は裏付けのない紙幣の発行量ではなく、実質貯蓄の量によって制限されると理解するのは、金の使用に反対する人々たちからすれば間違いなのである。金の裏付けもなく、何もないところから発行した紙幣を貸し出す銀行は、貸出量を増やすことができる「柔軟性」を持っていると言える。しかし、銀行が何もないところから実物資源を作り出せる手品のような力がないなら、経済全体が完成まで支えることのできるプロジェクトの数を増やすことはできない。人々が保有する紙幣の数を増やしても、財やサービスの供給量が増えなければ、それらを手に入れようと他の人々と争うことになる。人々が手にしている紙切れ、つまり紙幣は富ではなく、また紙幣が富を作り出すこともできない。

簡単に言うと、紙切れ、つまり紙幣を刷って量を増やし、それを貸し付けても、富が簡単に増えることはない。富は、貯蓄、投資、勤勉さ、企業家としての能力によって生み出されるものなのである。

●貴金属は大きくてかさばり、使いにくい。

貴金属が銀行間を行き来するということは、自由な通貨システムの下では、起こることだ。銀行全体の金《きん》の保有量を明確にするのが大切なので、銀行間の金の行き来がはっきり分かるシステムを創設することが銀行の利益となる。個人が金貨や銀貨を使うからと言って、それらと一緒に、デビットカード〔訳者註：商品購入時に口座からすぐにお金が引き落とされる、クレジットカードに似たカード〕を使うのを妨げるものはない。いくつかの機関は、物品貨幣とデビットカードの両方を使えるようにするので、不便なことはない。

●金本位制はコストがかかり過ぎる。紙幣は製造するのにコストがかからない。

故ミルトン・フリードマンは、「金本位制はコストがかかる」と主張した。しかし晩年、その主張を撤回した。ところが、「フリードマンは金本位制に反対していたのだ」という説は、現在でも執拗に繰り返される。

コストの面から金本位制への反対が起こるのには二つの理由がある。一つは、「コスト」というものを狭く考えているからだ。確かに、金を掘り出すのは、紙幣を印刷するよりも経費がかかる。しかし、貨幣発行に関して、これだけがコストだろうか？　理論上からも、また歴史的事実からも、政府が法定紙幣を無制限に発行する力を持つことは、より大きなコストを生み出す。法定不換紙幣発行によってインフレーションが起こり、その社会に対するコストについて、私たちは詳細に見てきた。政府は、政府自体と優遇したい有権者を豊かにするために、通貨を作り出す能力を思いのままに使う。政府が貸出を通じて新しい通貨を作り出すということは同時に、政府は景気循環を始めるスイッチを押していて、それによって社会全体の富を破壊するスイッチをも押していることになる。

そういったコストまで帳簿につけるとすると、紙幣システムは財物本位制度よりもコストがかかる。[*21]

紙幣が生み出す破壊的な結果による社会のコストを除いても、実物を裏付けとする金本位制の方が、現在の中央政府の管理による法定不換紙幣制よりもコストがかかるかははっきりしないのだ。先進国の中央銀行を三つほど挙げ、その職員数を見てみよう。二〇〇七年のドイツ中央銀行（German Bundesbank）は一万一四〇〇人、フランス中央銀行（Banque de France）は一万一八〇〇人、そして、連邦準備制度は二万三〇〇〇人であった。[*22] これらの人々は給料をもらっている。彼らが雇用されることで、人々の役に立つ財やサービスを生産する部門の雇用が失われている。

最後に、金や銀を掘り出すのにコストがかかる自体が、金や銀が通貨に適している理由になる。それは、紙幣がコストなしで発行できるのは大変に危険だからだ。政府は紙幣を自分が必要な分だけ発行できる。それによって、人々の富の価値を減少させてしまうのだ。

●現代経済の取引すべてをまかなうには金と銀の量が足りない。

この主張は全くの誤りだ。通貨の供給があるレベルを超えて最適の状態である場合、既存の金と銀の量と、さらに将来掘り出される金と銀の量を合わせれば、すべての取引をまかなえる。多くの場合、金本位制は銀本位制なのである。金は大きな取引に使用され、銀は細々《こまごま》とした取引に使用される。重要な点は、政府がこの二種類の貴金属の交換比率を固定化させないようにすることだ。それは、交換比率が固定化されている状態で、一方が過大評価され、もう一方が過小評価されたら、過大評価されている方が流通しなくなる。そんなことが起きたら政府が何も強制しない状況で、人々が自由に活動することでうまく機能する通貨システムが大きな打撃を受けることになる。

今流通している通貨量では限られた取引しかまかなえないという主張は、昔から存在する間違った主張だ。二〇〇年も前にデイヴィッド・リカードは次のような答えを出している。

通貨として流通している金と銀の量が大変に少ない、もしくは大変に多い、その両方の場合が仮定できる。金と銀の量がとやかく言われているが、少ないとしたら、財やサービスは手ごろな、もしくは安い価格で取引されるだろう。金と銀の流通量が多かろうが少なかろうが、交換における媒介物としてしっかり流通し、機能する。[*23]

実物通貨を使用する経済で実際に起こるのは、「財やサービスが、他の財やサービスと交換され、交換は金、銀、その他のもので、単に代替されているだけだ」ということを覚えておこう。貴金属は、単なる中間で媒介する存在に過ぎない。貴金属の流通が比較的少ないなら、価格は高くなる。また賃金も収入も高くなる。通貨の役割は「価値標準材（numeraire《ニューマレー》）」であり、経済においては、すべての財やサービスの交換比率を決めることである。「価値標準材」の機能は、供給される貴金属によって実行される。理論的に言えば、極端で、まず起こらない話だが、銀を通貨として使っているときに地球にエイリアンが攻めてきて、地球上の銀をほとんど持ち去ってしまっても、市場は銅か何か他の物品に移行できるだろう。

金と銀を通貨にすることによって、一九世紀、アメリカ人の生活水準は大きく向上した。金貨や銀貨の供給量は一定で、財やサービスの供給量が増えたので、物価は下がった。それによって人々は安い値段で、自分たちの欲しいモノを手に入れることができたのだ。

●金の供給量の増加は、経済活動の活発化についていけない。

金《きん》の使用に反対するこの主張は、これまで述べてきた反対の主張の変種に過ぎない。なぜ、通貨供給量の増加が必要で、どうしてそれが望ましいのだろうか？　私たちが見てきたように、商業活動は通貨供給量に適応する。生産量が上がれば、供給量が変わらない通貨の購買力も上がる。商業取引を増加させるためには通貨供給量の増加が必要だと考えるのは、通貨の性質と目的を間違って認識しているからだ。時間が経つごとに物価が下がり、通貨の価値が上昇しても、世界が終わりを迎えるわけではない。これは実際に、アメリカ史上の大部分の期間で起きたことだ。物価の下落と相殺《そうさい》するために通貨供給量を増やそうとしたり、商業活動に合わせて通貨供給を継続的に増加させるのは、これまで見てきたように景気循環を引き起こす。[*24]

簡単に言うと、金の使用に対する批判の主なものは、近視眼的で、間違いが多いものだ。ヘンリー・ハズリットは、ニューヨーク・タイムズ紙で、経済についての論説を書いている。ハズリットは、これまで述べてきた問題について次のように書いている。「金を使用することの大きな利点は、積極的なものではない。私はそのように言いたい。政府の管理する紙幣は、法的にすべての人間が使うように、また信頼するように強制されている。その政府が管理する紙幣はすべての人々の富の価値を下落させる。金《きん》にはそうしたことがない。この利点一つで、金本位制に対する様々な批判は瑣末《さまつ》なものとなる」*25

ハズリットの主張は正しい。この重要なテーマについて、あまりにも多くの間違いと神話が語られてきた。また、合理的な議論は不可能でもあった。

この本では、法定不換紙幣の欠点と、危険性について、そして、自由市場が採用してきた物品貨幣の長所と利点について書いてきた。また私は、この本で、正貨に反対するプロパガンダを少しずつ掘り崩し、アメリカ人が新しく、そして実りのある考え方ができるようにしてきたという自信がある。この本で私が主張してきたこと、政府に利用され、操作されることのない通貨システムを創設しようと述べたら、政治家やマスコミのお偉い方々からの共感など得られず、友人にもなってもらえない。

現在の通貨システムでは、政府は、優遇したいと思っている企業や有権者だけを豊かにし、支出と収奪の中毒状態に陥り、救済のための資金を作り出すことになる。読者の皆さんが、尊重すべき意見がヒステリーとして片づけられるのはどうしてかという疑問を持てば、それは、あなたが正しい方向で考えているということを示す証明となる。

［第七章］

今なすべきことは何か？

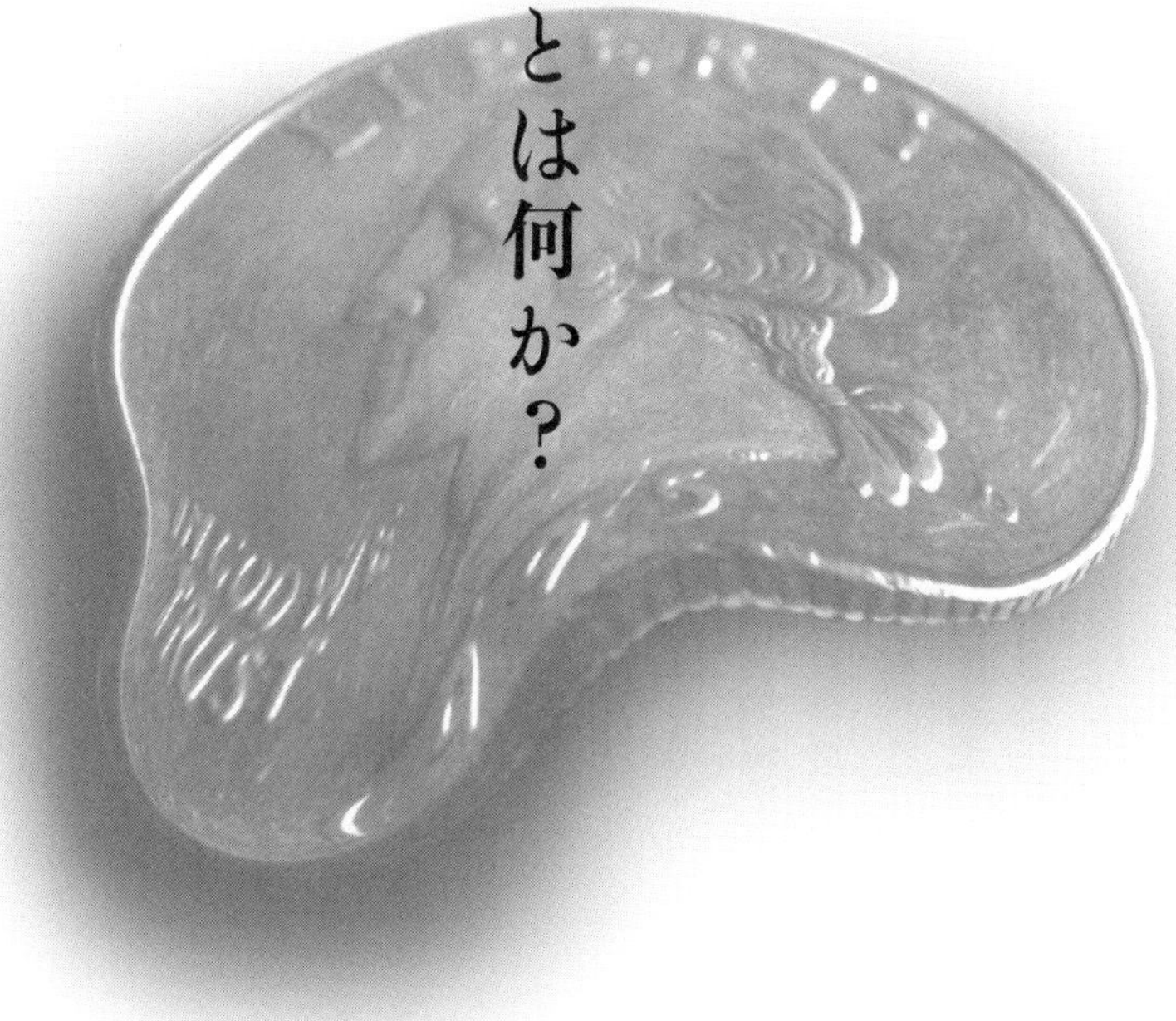

「アメリカを愛するなら消費せよ」という戯言《たわごと》

アメリカが経済不況に何年間も陥る必要など全くないはずだ。自由市場が機能することで、現在の苦境からスムーズに、そして効率的に脱出することができる。それには痛みを伴うが、今の経済危機よりもはるかに深刻であった一九二〇年から一九二一年にかけて発生した恐慌のときも回復には痛みを伴った。

市場は、資産価格を、それに見合ったレベルにまで下げるように調整しようとする。そうすることで、経済成長がもう一度起こるようになる。不確実性が高まっている時期、市場は、資金の配分を適切に行ない、負債の増加を遅らせようとする。多くの不良債権が発生するが、差し押さえやその他の合法な方法でそれらは処理され、帳簿から消される。銀行は不良債権を処理しても、新たな貸出をしないことを選択することがある。そこには何か特別な理由などないのに。

銀行が新たな貸出をすることは経済にとって良いことだ。自由市場の象徴で、自由市場に対する攻撃の根拠となってきたCDS（Credit default swap《クレジット・デフォルト・スワップ》）市場でさえ、規制された公債市場よりも、資金調達という点ではより機能している。CDS市場は二〇〇八年の経済的、政治的大混乱の間も比較的安定していたではないか。

通常の経済状態に戻るための再調整は、政府の愚かな政策によってうまくいかず、景気回復は妨げられている。政府からの最悪の提案は引きも切らない。すべての企業や銀行を救済することは、健全な企業から資本を奪い、不健全な企業に与えていることである。不健全な企業が倒産すれば、新しく有能な経営者を迎えられたのに、その機会を奪っていることになる。

バラク・オバマ大統領の税制は、豊かな層に対する増税と貧しい人々に対しての減税が含まれている。オバマ大統領は、現在アメリカの富裕な一〇%が、所得税全体の六八%を支払っているという事実に満足していない。この比率をもっと高めようと言うのだ。

累進課税制度によって、人々は貯蓄よりも消費へと向かう。そして、これこそが新税制のポイントなのである。

つまり、「不景気のときは消費を喚起することが良いことなのだ」という迷信が今でも生きているのだ。この迷信は、政府による何百億ドル、いや何兆ドルにものぼる景気刺激策の基にもなっている。アメリカ国民が金《かね》を借りまくり、消費しまくることで、現在の経済危機が生じたのだ。それなのに、政治家たちは、国民に金を借りさせ、そして消費させることで経済危機から脱却しようとしている。

「GDP＝国内総生産」は虚妄のデータである

まず、政治家たちが主張する経済不況から脱出するための戦略を見ていこう。政治家たちはこの戦略がお気に入りのようだが、全く検討に値しないものである。彼らのお気に入りの戦略とは、「人々に消費させる」というものだ。[*1] オバマ新政権の巨大な社会資本整備事業やジョージ・W・ブッシュ前政権の減税策など、これまでの政権の景気刺激策の基になっているのは、消費者が金を使うことで経済が活性化する、という信念である。

この非論理的な主張の中にも幾許《いくばく》かの真実はある。消費者の支出は確かに経済を活性化させる。だが、経済が活性化するのは、すべての企業が、消費者が何を欲しがっているかを探りながら、何をどのように、どれくらい作るかを自分たちで決定できるときに限られる。企業は消費者が欲しがっている製品を作れなければ生き残ることはできない。言い換えれば、「消費者が経済を活性化させる」のだ。それは、消費者の願望が、企業の生産を突き動かすモチベーションとなるからだ。

しかし、「消費支出が経済を活性化する」という信念は、「富はただ単に消費をすれば生み出される」という意味に受け取られている。これは全くの間違いである。

景気が後退局面に陥りそうになると、国民は、経済を成長軌道に戻そうとして財布の底をはたいて消費に走る。しかし、消費しようにもその金がなくなってしまったら、どうしたら良いのか？　この部分は全く説明されない。不況下では、貯蓄という行為は非難される。しかし、貯蓄とは本来、慎重で、思慮深い行為である。一セントを貯蓄したらその分だけ消費されないことになり、それだけ経済が上向かないと言われる。こうした誤った考えが、二〇〇八年の景気刺激策やその他の似たような、馬鹿げたプログラムの基になっているのである。

「消費は経済にとって素晴らしいものだ」という間違った考えは、国内総生産（ＧＤＰ）を経済の健全性を測る指標として使いだしてから、頻繁に言われるようになった。ＧＤＰとは、ある年にある国で販売された最終消費財とサービスの価格を合計した数字である。従って、ＧＤＰには、最終消費財を生産するために必要な、中間もしくは高次の生産段階を全く考慮に入れていない。なぜなら、それらは、最終消費財の「構成要素（ingredients《イングレディエンツ》）」として入っているし、そもそも最終消費財ではないからだ。しかし、高次生産段階で生産されるものは、経済において大きな部分を占めていて、それらを考慮に入れないと、消費者の支出の合計で構成されている経済全体の姿を歪《ゆが》めてしまうことになる。[*2]

「消費が経済を活性化する」という考えに固執《こしつ》して、高次生産段階などを統計から外してしまえば、確かに、消費を支持する人々が言うように、経済の七〇％を消費が構成していることになる。この数字が全く不正確だというのはもはや明らかであろう。

消費とは、モノや財を「残さず使いつくす」ことである。モノや財を使いつくすだけで、どうして国が豊かになるのだろうか？　モノやサービスを使いつくす前に、それらが生産され、生み出される必要がある。生産があって初めて消費が可能となる。生産されることで、私たちは自分たちが欲しいモノを手に入れることができるからだ。消費を拡大するには、まず何かを生産せねばならない。

お店で買い物をする消費者たちは、どこで、財やサービスを購入し消費することが可能となる購買力を手に入れるのだろうか？　消費者は、何かを生産する「生産プロセス」に貢献することで金を得て、それを使っているのだ。消費者は、人々が欲しがっているものを生産する上で、何らかの役割を果たして、金を得ている。

ジョン・スチュワート・ミルはほぼ二世紀前に、「消費が経済を活性化するという考えは間違っている」と断言した。ミルは次のように書いている。「国を豊かにするには、消費ではなく、生産をすることである。製品が生産されれば、それが消費されないなどということは起こらない。生産するということは、生産者が消費者の願望に応えるということだ。生産者が消費者の欲しがらない製品を作るために労働力を無駄に使うだろうか？　生産者は自分で生産したモノを、自分自身で消費しようとはしない。彼が生産し販売するのは、それによって金を得てモノを買おうとするからである。従って、生産者が一般に、より多く生産し販売すると、それによってより多く購買することにつながる」[*3]

オーストリア学派の景気循環理論が示しているように、経済不況下で景気回復への望まれる最終手段は、消費を人工的に喚起することである。経済不況は、消費の増加と、それとは両立しないはずの投資の増加によって引き起こされる。刺激された消費によって、将来の生産に不可欠な高次生産の製品に必要な資源と、現在の消費財需要との間のバランスが崩れてしまう。このアンバランスについて、経済学者ゴットフリード・フォン・ハーバラーは大恐慌時代、次のように警告していた。「一方的に強化された購買力は危険だ。なぜなら消費財需要だけが高まると、その後に経済危機が発生するからだ」[*4]

しばしば語られる間違いに、「生産能力が向上すると、それが生産過剰につながる」というのがある。人々が購買できる以上の量を生産してしまうということだ。レーニン主義を信奉する批評家たちは自由市場をこの点から批判し、その批判はメディアだけでなく、ほとんどすべての人に無批判に受け入れられている。しかし、この主張は馬鹿げている。増加した生産量は、人々が買える分だけ増えた生産物である。生産量が増えればそれだけ価格は安くなり、人々は増加した分を買うことができるようになるのだ。

ケインズがまるで誤解していた「セーの法則」

　これまで述べてきたように、消費者がモノを買えるのは、彼自身がその前に何かを生産したからだ。従って、消費を可能にするのは生産である。企業が消費者の欲しがる分だけを生産する限り、私たちは生産したらその分を消費することができるのだ。[*5]「生産過剰は起こらない。増加した製品供給はそのまま財の需要につながる」という主張は「セーの法則（Say's Law《セーズ・ラー》）」として知られる。経済学者J・B・セーにちなんで名づけられた。ジョン・メイナード・ケインズが、セーの法則を否定したのは有名だ。しかし、ケインズ自身に言わせれば、彼はセーの法則を誤解していた。ケインズは誤解したままセーの法則を否定したということだ。[*6]

　最近の住宅バブルの間にアメリカ中で建てられた大量の住宅について考えてみよう。連邦準備制度の貸出緩和策を含む連邦政府の政策によって、過剰な住宅建設が推し進められた。住宅購入数はウナギ登りとなり、多くの人々が住宅価格は上昇し続けると信じ込んだ。その結果、住宅の「生産過剰」とも呼ぶべき状況が出現した。

　しかし、経済において、その他のモノは生産過剰には陥っていなかった。住宅バブルによって、資本、労働力、部品、土地などすべての生産要素が住宅建設に投入されたが、住宅バブルがなければ、それらが住宅建設に回ることはなかった。

企業家の失敗、もしくは政府の介入によって、特定の経済分野において、生産過剰が起きるのである。その場合、他の分野では生産は減少する。市場経済においては、生産過剰が起きている分野では価格の下落と生産コストの上昇が起こり、生産者はそれらの影響に苦しむ。価格の下落と生産コストの上昇によって、企業が倒産したり、資源がほかの分野に回ったりするようになるからだ。

生産的支出と消費的支出、これだけの相違点

アダム・スミスは、「消費的支出（非生産的消費）」と「生産的支出（生産的消費）」を明確に区別した。この区別は重要である。

消費的支出とは、モノやサービスを消費して、その代わりとなるものを何も供給しないことである。例えば、暑い夏が何年も続いてエアコンを使い潰す、これが消費的支出である。

生産的支出とは、モノやサービスを消費して、将来にとって、より多くの、より価値のある資源を作り出すことである。生産性向上のために生産機械に投資するのは、生産的支出の具体例である。生産機械への投資によって生産性が向上し、より多くの生産物が製造される。その

総額は、機械への投資よりも多くなる。消費的支出は使いつくし、疲弊させ、破壊する。生産的支出は、将来の製品の供給の増加という形で、消費したものの代替物を供給することができる。スミスは次のように書いている。

農民一〇〇〇人は、年間に、同数の兵士たちと同じだけのトウモロコシと衣服を消費する。しかし、農民の消費と兵士の消費の違いはかなり大きい。農民が一年間農作業に従事すれば、農産物を生産できる。その農産物でトウモロコシと衣服の代金をまかなえるだけでなく、それ以上の収益を上げる。その反対に、兵士は何も生産しない。兵士が消費しても、それが使いつくされるだけで、代替物は生産されない。兵士が消費をした分だけ、国は貧しくなると言わざるを得ない。農民が消費すれば、国は貧しくならずに豊かになる。なぜなら、農民は消費すると同時に、それ以上のものを生産しているからだ。[*7]

私たちは「経済を助ける」ためにもっと消費することを求められている。また、政府は、消費者の支出を促すための「景気刺激策」に取り組んでいる。これらはまるで、多くのものを使いつくし、その代替物は補充しないようにすれば、経済は良くなると言っているのと同じだ。「消費、消費、消費、消費しよう。それによって、皆が豊かになる！」と言っているのと同じなのだ。

その結果、人々が貯蓄している金は、経済に流入しない。その逆の現象が起きる。貯蓄された金が資本となり、それを利用して企業家は、新しく、より生産性の高い設備を作ることができる。そうした設備によって、将来、低コストで、より多くの生産財や消費財を生産することができる。貯蓄がない状態で、また消費を抑えるようにしなければ、このような生産的な投資から発生するプロセスは進まないし、生活水準の向上も見込めない。

三〇〇年前に比べ、私たちはかなり豊かである。それは現在の私たちがより多く消費しているからではない。私たちがより多く消費しているのはより多く生産しているからで、生産によって消費を増やすことができ、生活水準を引き上げることができるのだ。

「景気刺激策」は、民間の非生産的支出と政府の非生産的支出（連邦支出など）を促す。この景気刺激策は、現在の経済危機を悪化させるだけで、民間企業の生産力をますます弱体化させる。経済刺激策は、公債を発行して（借金をして）、道路や橋を建設するという全く矛盾する方法で経済を成長させようとするものだ。これはまるで、借金を抱えた人がその借金問題を解決するために、もっと金を借りて、家をリフォームするようなものだ。[*8] これは全くおかしな話だが、こうした方法を政治家が好むのは驚くに値しない。

私たちが緊急になすべきことを列記する

人為的に増やされた貸付や、ケインズ主義に基づいた「経済刺激策」などの資本を消費することだけに力点を置いた経済回復策ばかりが提言されている。短期間で経済を健全な状態に戻し、繁栄のための、偽物ではなく本物の基礎を作り上げるためには、自由市場を基礎にした重要な改革を推し進めねばならない。以下にそのための方策を列記しよう。

●大企業や銀行を倒産させる。

連邦準備制度と財務省が考えているよりも、倒産そのものは悪いことではない。倒産を宣言しても、企業が消えてなくなることはない。その企業の設備と資産は存在し続ける。それらは、消費者を満足させる方法を選ぶことに失敗した人の手から、消費者を満足させることができる人の手に渡るだけだ。その人も失敗してしまったら、また別の人の手に渡る。エンロンはかつてアメリカ最大のエネルギー企業だった。だが二〇〇一年のエンロンの倒産は、アメリカ経済にも、エネルギー市場にも何の影響も与えなかった。

経済学者のスティーブン・ランズバーグは次のような疑問を持った。「他の産業の多くの企業には何の保証もなされていないのに、危機に瀕《ひん》した銀行は救済される。銀行のどこがそんなに特別なのだろうか?」

普通の答えは、銀行が倒産し、貸付が止まってしまうと、企業は必要な資金を集めることができなくなる、などというものだ。しかし、銀行は預金者と借り手の媒介をしている存在にすぎない。この媒介作業は、銀行という形でなくても、別の形で代行できる。現在の情報化社会であれば、金を貸したい人と金を借りたい人が、銀行システムを通さなくても、お互いを見つけるのは容易だ。企業が資本を集めたければインターネット上で社債を売ることもできるし、株式を発行することもできるし、海外から資金を調達することだってできるのではないか。ランズバーグは次のように書いている。「ウォール街にある巨大銀行が絶対に必要な存在だとは思えない。もし倒産してしまっても、そんなに不便は感じないだろう」[*9]

●ファニーメイとフレディマックを廃止する。

次に、アメリカ政府は、不動産市場の気まぐれに付き合わないようにすべきだ。政府がファニーメイとフレディマックを国有化し、アメリカ議会が両公社の住宅ローンに使える資金量を増やした。二つの公社は死に体でありながら生き残った。この両公社は、自由市場では得られなかったであろう量の資金を住宅ローン債権市場から十分に受け取った。同じような国家の承認による独占的特権を受けた競合他社がいなかったので、両公社にとっては資金の調達が容易だった。ハーバード大学のジェフリー・マイロン教授は次のように主張している。「今回の経済危機の責任は政府にある。その責任を果たすためには、今回のような経済危機を生み出した条件を取り去るのが第一だ。そのためには、政府の介入によって起きた失敗を、政府の介入で取り戻そうとしてはいけない。政府はまず、ファニーメイとフレディマックを廃止することから始めるべきだ[*10]」

マイロン教授の主張は正しい。ファニーメイとフレディマックは破産を宣言し、管財人の管理下に置かれるべきだ。そして、両公社の資産は民間の住宅ローン債権保有者の間でオークションにかけられるべきだ。両公社の住宅ローン債権の削減プログラムは、不公平なもので、モラル・ハザードを引き起こすので、即刻中止すべきだ。

バラク・オバマ大統領の唱えた「変化《チェンジ》」を信じない人々は、自身の過度の冷笑主義（cynicism《シニシズム》）からバラク・オバマの言葉を信じようとしない。だがオバマの発言の内容を仔細に見ていくと、彼らの冷笑が正しいと分かる。オバマの言う「変化」は、救済策を数多く実行し、自由市場に制限を加えることを意味している。これは、オバマが大統領選挙中に厳しく批判したブッシュ政権が実行したのと同じ経済プログラムである。また、オバマ政権に参画したのはニューヨークの大銀行や大企業、ワシントンの法律事務所から抜擢された人々だが、彼らは経済危機に気づかず、その後の経済危機を招いた張本人たちである。オバマ政権にはフレディマックの部長職を務めた人物が大統領補佐官として参加しているのだ。

オバマ大統領が真剣に「変化」をもたらそうとしていて、それを分かってほしいと思うなら、そして、自身の大統領としての業績を歴史にとどめたいと思うなら、彼は、どんな理由があっても、いかなる民間企業も救済しないと約束するべきだ。大企業が二つか三つ倒産すれば、彼の一貫したメッセージがすべての国民に十分伝わる。少額の損失や中小企業の倒産は自力で何とかしなければならないのに、大企業が非効率さのせいで経営に失敗しても、その失敗を犯した人々は特別に救済される。これが今のアメリカ経済における「原理」となっている。

しかしながら、リーマン・ブラザースの破綻は、この原理とは反対の動きをたどった。それは経済を覆う不確実性がまだまだ継続すると見られていたからだ。失敗した人に褒美《ほうび》を与えるような政策は、間違った考えを人々に持たせるだけだ。しかし、人々が次のような考えを持っているのは明らかだ。「大企業の経営失敗を、他のしっかり経営している企業に負担させてはいけない。そんな負担は大きすぎる。大きすぎて潰せないということは絶対にない」

●救済策を止め、政府支出を削減する。

政府支出やその他の政府による経済への略奪行為は即座に、そして徹底的に縮小されなければならない。政府の活動は、富を作り出す人々から資源を吸い上げてしまう。アメリカ政府は、ニューヨーク・タイムズ紙が求めているのとはちょうど正反対のことをやるべきだ。それは、政府支出の徹底した削減である。それによって、富を生み出すための資源を確保できる。そして、政府支出の削減とは、大企業の救済策や戦争などに何兆ドルも使わないことである。[*11] ポール・クルーグマンはオバマ政権が経済を刺激するのに必要だと考えられる予算額を明らかにすべきだと主張し、その予算額が明らかになると、さらに五〇%の増加を要求した。クルーグマンのそんな主張など無視すべきだ。

過剰な支出と負債によって引き起こされた問題が、さらなる支出と負債によって解決されるはずがない。過剰貸出の解決法が、過剰貸出のわけがない。フランクリン・D・ルーズベルト政権の財務長官であったヘンリー・モーゲンソーは、自身の日記の中で次のように書いている。「私たちは金《かね》を使おうとしている。私たちはこれまでにないほど金を使っているが、効果は全くない。私たちは公約を果たせていない。この政権が始まって八年になるが、失業率は相変わらず高い。そして政府の負債は巨額になっている！[*12]」

政府支出は、経済における貯蓄額を減らし、人々を貧しくさせる。これは間違いのないことだが、それ以外にも多くの弊害がある。政府が赤字を抱える、つまり、税収よりも多く支出してしまい、その差額を借入で埋め合わせると、金利が上昇する。すると連邦準備制度は、ある金利にするために新しく通貨を経済に注入しようとする。それはつまり、連邦準備制度が金利ターゲットを定めているということだが、財政赤字のために金利が上昇していたら、連邦政府は、より多くの通貨を注入し、金利をターゲットとして定めているレベルにまで下げなければならない。従って、政府の借入金はより大量の通貨の創造を促進し、これによってドルの価値を下げる結果となる。

●政府による通貨の操作を止める。

通貨それ自体は、アメリカ経済において最も国家に管理されている存在である。一九三三年、アメリカ国民は金貨を政府に返還しなければならなかった。このときに、法定不換紙幣システムが、民間の富を収奪することで作られたのだ。中央銀行（連邦準備制度）によって、ドルの流通量は膨張していった。中央銀行は議会が可決した法律によって設置されており、その役員たちは大統領から指名されている。中央銀行は独占的な特権を有しており、また、思い通りに通貨を操作することができる。法定紙幣法によって人々は、価値が下がり続けている紙幣を通貨として認めるように強制され、紙幣の代わりになるものを実際に導入することはかなり困難な状況になっている。

通貨について、「自由放任（laissez faire）《レッセ・フェール》」と言えるのはどんな状況のときか？　そもそも私たちは、自由放任など失敗するだけだと教え込まれてきた。しかし実際には、通貨供給と金利の中央管理が失敗したのだ。これらによって、史上最高に膨張した資産バブルが生み出された。通貨供給と金利の中央管理によって、持続不可能な生産プロジェクトに多くの資源が投入されることになり、それらはまるまる無駄になった。持続不可能なプロジェクトは倒産と現金化によって再調整されなければならない。

現在の通貨と金利の中央管理が、それ以前の制度よりも優れているということはない。通貨と銀行は、アメリカ史上、完全に自由であったことはない。アメリカでは、政府が通貨と銀行に対して様々な介入を行なってきた。それらの具体例を挙げると、国法銀行、破綻寸前の銀行に対する特別な救済、政府の課したためちゃくちゃな金《きん》と銀の交換比率などがある。一九二〇年代には政府の介入のせいで金本位制は有効性を失っていた。この事実がありながら、歴史家たちは、一九三〇年代の大恐慌を金のせいにするのを止めようとしない。しかし、アメリカに正統な財物本位制が存在したときには、通貨の価値は保たれていた。それどころか、通貨の価値は上昇していた。一八二〇年に一〇〇ドルしたモノを、一九一三年には六三・〇二ドルで買うことができた。[*13]

●連邦準備制度についてきちんと議論する。

連邦準備制度が議論のテーマとなっていたのははるか昔のことだ。連邦準備制度は、アメリカ経済の安定を支えるキープレイヤーのように振る舞っているが、どの機関よりも、アメリカの経済を不安定にしてきた責任がある。それは連邦準備制度が、市場に対して不必要な、そして破壊的な介入を行なってきたからだ。しかし、アメリカの政治家たちが、もし連邦準備制度がなければ経済がどうなってしまうのだろうかという懸念を抱えている限り、連邦準備制度の政策が、公の討論でテーマになることはない。そして、連邦準備制度が作り出した混乱は、必然的に「資本主義」のせいにされ、より広範な政府介入の口実とされる。

著名な投資アドバイザーのジム・ロジャースは、ここ一〇年以内に連邦準備制度は廃止されるだろうと予測している。これは楽観的すぎる予測である。しかし、ロジャースのような予測と経済の分析が一貫して正しかった人物が廃止の可能性に言及しているのだ。この可能性は現実味を帯びている。ただ、すぐには現実のものとはならないだろう。

連邦準備制度には、銀行の特性のひとつとしてのモラル・ハザードを発生させてしまった責任がある。銀行が預金額よりも多くの貸出をするのは危険だ。しかし、リスクの高い事業に貸出を行なうのはもっと危険だ。銀行は、連邦準備制度による貸出（Fed's discount window《フェッズ・ディスカウント・ウインドウ》）と「連邦準備制度の最後の貸し手」としての権威によって、何か間違った行動をしでかして、大きな損失を出しても連邦準備制度に救ってもらえると認識するようになった。預金「保険」のおかげで、取り付け騒ぎが起こる可能性は、保険がない時代よりもずっと低くなった。連邦準備制度と連邦保険預金公社が救済しなくても、財務省とアメリカの納税者たちが銀行を救済する。このような状況の中で、給料をもっと上げ、ストックオプションの額を増やしたい銀行のファンドマネージャーたちが大きな賭けをしない、などという選択をするだろうか？　人工的にリスクが減らされている状況は、ギャンブルをするのに好都合だったのである。

二〇〇八年末までに、連邦準備制度は、民間企業に対して何兆ドルもの貸付を行なった。これは、公的な救済プログラムとそれ以上の貸付という形を取っていた。連邦準備制度は、貸し出した相手を公表することを拒んでいる。また、担保をきちんと受け取っていると明言している。これは、連邦準備制度が、リスクの高い担保を受け取っている、もしくは担保の基準を緩和してきているということだ。もしこれが事実なら、担保の性質と誰が担保を差し出したのかという重要な情報を公開することなく、納税者に大きな損失を与えてしまうことになる。

金融経済ニュースを配信しているブルームバーグ・ニュースは次のように報じた。「ベン・バーナンキ連邦準備制度理事会議長とヘンリー・ポールソン財務長官は、二〇〇八年九月、連邦議会からの銀行に対する七〇〇〇億ドルにものぼる救済策の透明性を確保するようにという要求に従うと述べた。二カ月経って、現状は、議会の承認なしに行なえる救済プログラムで、七〇〇〇億ドルをはるかに超える額を貸し出している。だが、その金がどの銀行に貸し出されていて、銀行はどのような債権を担保として差し出しているのか、アメリカ国民には全く知らされていない[*14]」

この報道の後、連邦準備制度は貸出に関する情報を発表するようになった。アメリカ国民、とりわけ自由市場の信奉者たちは、いつになったら、現在の状況はコントロール不能で、何か新しい考えを試す時期だと決心するのだろうか？

●特別な貸出し窓口を閉鎖する。

短期的なことを言えば、連邦準備制度はターム・オークション・ファシリティを廃止し、貸出は古くからの信用のある顧客に限定すべきだ。金利は変動させるようにすべきだし、そうすれば、市場の脆弱性が高まっているこの時期に、金利の調整機能がうまく働くようになる。グリーンスパンとバーナンキがやってきたことは否定されるべきだ。特に、救済策などは全否定されてしかるべきだ。連邦準備制度の役割はこれまででもう十分だ。市場にこそ機会を与えるべき時期が来ているのだ。

●通貨の独占を止める。

中央による計画、独占的特権、そして競争の制限は、連邦準備制度とアメリカの銀行システムを特徴づけている。これらは自由市場の特徴のまるで正反対である。

これまで決して金本位制を支持しなかったウォール・ストリート・ジャーナル紙の記者が、自由市場の諸原理と連邦準備制度がどれほどかけ離れているかについて書いている。二〇〇八年九月末、ウォール・ストリート・ジャーナル紙の記者ジュディ・シェルトンは次のように書いた。「今のアメリカではたった一人の人物が、すべての通貨と貸出（通貨、要求払預金、通貨市場債、買い戻し契約、エクイティ、住宅ローン、企業負債）の需要と供給を管理している。しかも、その人物に頼って経済を回復させようとしているのだ。私たちアメリカ人は哀れだ。これを資本主義と呼べるはずがない」

資本、言い換えれば「生産プロセスに貢献する財の集合」は、資本主義にとって、大変重要な要素である。自由市場の支持者の中には、次のように主張する人々もいる。「資本の値段である貸出の際の金利を、政府の目的に沿う形で固定化するようにすべきだ。この固定化は政府の任命する委員会で行なわれるべきだ。私たちは、旧ソ連の国家計画委員会であったゴスプラン（Gosplan）を復活させてもよい。そして、それに五カ年計画を立てるように依頼するのもよい」[*15]と。

一九四九年、当時のニューヨーク連邦銀行総裁だったアラン・スプロールは、全米銀行家協会の総会でイライラしながら次のように宣言した。「金貨の流通の復活を求める主張の主なものには、通貨の統制を行なっている者と政府の金融政策に対する不信が根底にある」[*16]

スプロールは何が重要かを理解していた。その点だけでも信頼に足る人物だ。私たちは政府を信頼していない。信頼していないので、通貨に対する政府の自由裁量をなくすことを望んでいるのだ。もし財物貨幣の欠点と政府の賢い人々が発行する紙幣の長所、という迷信が広まっていなければ、通貨の自由化は多くの人々に納得されるものになっただろう。

失敗してしまった法定不換紙幣制度に代わり、金本位制、もしくは財物本位制に戻ることを求めている思慮深い人々がいる。しかし、中にはそれ以上のことが必要となる時が来るだろう、と主張する人々もまた存在する。彼らは「本位制《スタンダード》」という言葉は役に立たないと主張する。私たちは、「金本位制」や「銀本位制」などを追い求めるべきではない。私たちが必要としているのは「本位制」ではない。「本位制」は政府によって操作され、政府の独占を招く恐れがある。一九世紀の西洋世界には「金本位制」は存在した。しかし、その制度には、他の通貨に対する強制的な制限が含まれていた。「本位制」を批判する人々は、自由を求めている。その自由とは、人々がそれぞれ、自分に合っていて、通貨の機能を果たすことができると考える交換の媒介物を選ぶことができる自由だ。[*17] これまで見てきたように、分業制度(division of labor)《ディヴィジョン・オブ・レイバー》の下で、取引を円滑に進めたいと思う個人がその手段として通貨を自発的に選んだ。通貨は政府によって生み出されたものではない。社会のあらゆる利益を媒介できる通貨システムにおいて、政府が果たす役割などない、とさえ言うことができる。

ルードビッヒ・フォン・ミーゼスはかつて、「通貨の歴史とは、政府が通貨を破壊しようと努力する歴史であった」と述べた。信頼できない政府が通貨を独占すること、これこそがミーゼスが述べたことだ。通貨の価値を下げ、優遇したい人々だけを豊かにするために、他の人々を貧しくすることへの誘惑を政府は常に持っている。そして、政府の願いどおりに、人々の多くがどうして自分たちの生活水準が下がっているのかを分からないようにできたら、それはとても素晴らしいことだ。

現在の通貨システムは、リスクの高い、思慮のない行動を取るように促す。金融機関は、収益に比べ、多額の負債を抱える状態になっている。金融システムが発達していなかった一九世紀の金融機関でさえ、収益の方が負債よりも多かった。私たちがこれまで見てきたように、中央銀行による通貨供給量の増加によって景気循環が発生する。経済の後退局面では、不健全な投資を行なった企業は、その規模が十分に大きければ、政府が通貨供給の独占を利用してそれらを救済するように求める。そして実際に救済を受ける。

こうした制度が、他の制度が考慮に値しないほどに、「最高に工夫されたシステム」と言えるのだろうか？

自由市場主義を信奉し、三〇年前にノーベル経済学賞を受賞したF・A・ハイエクは、通貨制度と政府を切り離すことを求めた。ハイエクは次のように書いている。「金貨などの立派な通貨を再び流通させる場合、それは政府が発行したものとはならない、と私は考える。金貨などの立派な通貨は民間企業が発行するはずだ。信頼に足る、そして流通する通貨を人々に供給するのはかなり儲かる事業だが、それだけではダメなのだ。通貨の発行者には規律が課せられる。政府はこの規律に従うことも、またそれを保つこともできない。企業どうしの競争こそが、人々に素晴らしい通貨を供給できる。通貨供給とはそういう事業なのだ」と。続けて次のようにも書いている。

政府が通貨発行を独占していることに、歴史的に正当性は存在しない。政府がほかの存在よりもより良い通貨を発行できるという保証はどこにもない。貨幣発行の特権は、王の特権として登場したので、現在では、政府財政の根幹にかかわると主張されている。政府が通貨を発行するのは、国民に良い通貨を供給するためではなく、政府が必要とする通貨を政府自身で作るためである。読者のみなさん、政府による通貨発行という方法で、私たちは良い通貨を使うという希望を持つことはできないのである。競争から守られていながら、絶え間ない政治圧力にさらされている機関に通貨発行を任せても、良い通貨が供給されることはないのである。[*18]

クレジットカード、デビットカード、小切手、紙幣など、私たちになじみ深い「道具」を廃止する必要はない。それらを発行する機関を統制するルールを変えるだけでよいのだ。[*19] ドルを支払いの手段とするのを国民に受け入れるように強制している紙幣の政府発行に関する諸々の法律の廃止が重要なステップとなる。これらの法律は、自由市場に対する、独占的立場を利用した侵略行為である。これらの法律と金と銀の販売とキャピタルゲインに課せられている高い税率によって、ドル紙幣の代わりとなる他のものを、通貨として自発的に導入するのが困難になっている。政治的に操作されるドル紙幣などよりも、価値が保たれることが期待できるものを人々は導入する。法律によって、人々が価値の下がった通貨を支払い手段として受け入れるように強制されていれば、通貨供給に競争原理を持ち込もうとする人々の努力は水泡に帰してしまう。政府の発行する通貨が受け入れられるように強制されているのは、通貨となりうるその他のものは、意図的に不利な状況に置かれていると言える。

多くの経済学者たちが、現在の法定不換紙幣制度から、昔の財物本位制に戻るための様々な方法を提案している。ここでは単純な方法を取り上げてみよう。それは、通貨に市場原理を導入して自由化することである。それによってアメリカ国民は利益を増進することができる機会を得る。その機会とは、時間とともに価値を失い、保有者の意思に反する操作を行なわれてしまう通貨と、時間とともに価値を増やす通貨のどちらを使うか選択できる機会のことである。[*20]

多くの不便や困難があるにもかかわらず、現在、多くの民間企業で、取引の際に金《きん》で決済できるサービスを行なっている。金がデビットカードのように、私たちに馴染み深い支払い手段として使われているのである。インターネットの出現とコンピュータ技術の発達にともない、貴金属を通貨として使うことがより容易になっている。これは幸運なことだ。[*21]

オーストリア学派は私たちに警告してくれていたのに

オーストリア学派のアプローチは、その他の経済学派のアプローチよりも、経済で起きた事象を正しく説明することができる。それによって、私たちの経済に対する理解は深まる。自由社会と自由市場の守護者を自任している保守派やリバータリアン（Libertarians）の人々は、今こそ、オーストリア学派の考え方を身につける必要がある。

保守派の人々の中には、地域再投資法のせいで金融危機が起きたと主張する人々がいる。この考えは好ましくない。地域再投資法は経済危機について、ある程度の役割を果たしたと言えるが、今回のような大規模な経済危機についてはもっと詳しい調査が必要である。今回の経済危機の原因がシステム自体の問題であることが明らかになりつつある。その中で、責任をすべて、民主党議員に押し付けるのは生産的、建設的ではない。問題は通貨システムにあるのだ。現在の通貨システムは民主、共和両党から支持されてきたが、今や崩壊しつつある。また、経済活動という民間の活動に政府が介入していたことも問題であった。政府はサブプライムローンの貸出を促進したが、それ以上のことも行ない、私たちの経済的福利を脅かしている。政府の経済への介入によって、これまでに起きた事象を説明することができる。

つまり、市場経済の支持者は、彼ら自身が自分の信条を本当に信じるかどうかを最終的に決めなければならない。「政府の財政責任」を主張するような人々は、彼らが、政府が無から通貨を作り出すことに寛容である限り、誰からも相手にされなくなる。連邦政府が中毒に陥っているとすると、中毒にしたのは連邦準備制度である。

自由市場を信奉するなら、連邦準備制度の存在など支持できない。それは、連邦準備制度は市場に対する侵略的な介入を行なう存在だからだ。自由市場を信奉するなら、経済の血液とも言える通貨の、中央計画による供給を支持することもできない。自由市場を信奉するなら、金利の固定を含めた政府による価格の維持を支持できない。自由市場の支持者には、これまで述べてきた理由から、何ごとも政府によって管理され供給されるべきだという主張を受け入れる人はいない。

自由市場を擁護する人々は正しい答えを持っている。それは、ある分野が重要であればあるほど、その分野に政府が関わるのは悪いことだというものだ。その重要な分野は、競争にさらされた自由な個人が関わるべきだ。通貨は自由市場を構成する自発的な取引の中の方が、政府の強制の下よりも、より良く管理される。

通常、市場経済の支持者は、政府の介入を、経済を破壊するものと考える。価格管理、増税、補助金などがその例である。いくつかの政府によるプログラムと政府機関が、通貨と貸出がある特定の部門に回るように仕向けるのは、まさに、バブル（風船）に熱い空気を充填しようとするのと同じことだ。この熱い空気を作っているのが、「連邦準備制度」だ。

自由市場に関しては、いくつかの伝統のある学派が存在する。しかし、その中で、ミーゼスやハイエクが率いたオーストリア学派だけが、連邦準備制度が経済を破壊するという事実を強調していた。

簡単に言うと、自由市場を支持するなら他の選択肢はない。そう、私たちは、オーストリア学派の理論について検討する必要がある。現在の経済危機について、自由市場擁護の立場から学術的な示唆を与えているのはオーストリア学派だけだ。保守派とリバータリアンの人々、いや、すべてのアメリカ国民は、二〇世紀には不当に無視されていた人々の偉大な業績を今こそ知る必要がある。オーストリア学派の偉大な人々は私たちに警告していた。哀れなニワトリである私たちは警告を無視したために、不幸にも、しかし必然的に、丸焼きのローストチキンとなってしまったのだ。

世界中で急速に信奉者を増やしている経済思想であるオーストリア学派だが、彼らは長い間無視されてきた。経済学の主流学派の人々は、一九二〇年代に、「恐慌などは過去の遺物で再び発生することはない」と触れて回っていた。また、一九九〇年代には、「新しい経済が到来し、恐慌は発生しなくなった」とも述べていた。[*22] 経済学者の大部分が現在の経済危機の到来を予測できなかった。だがそれぞれのケースで、オーストリア学派の経済学者たちは、他の人々が見落としていた問題をきちんと把握していた。これだけでも、彼らが信用するに値し、彼らの学問的業績を研究する価値があるのではないだろうか？

バブル経済の崩壊を回避し、人為的に膨張させられたバブル景気の残骸を片付けるための最良の方法は、人為的に好景気を作り出さない、ということだ。また、連邦準備制度にいる専門家と彼らの通貨システムを管理する能力についての迷信を捨て去る必要もある。私たちは、これまでの恐慌についてきちんと説明できる、一貫性のある理論を持つ人々の話を聞くべきだ。彼らは今回の経済危機の到来を予測していた。彼らはまた、支出を増やし、通貨供給を増やすことが経済回復への道だ、という、ファンタジーではなく、現実に即した提案を行なっている。

選択は大変厳しいものだ。私たちの前には二つの選択肢が用意されている。一つは、大恐慌を長引かせ、日本経済を二〇年間もの最悪の大不況に陥れた方法を採ることである。もう一つは、素晴らしい業績を持ち、何が起こっているのかを正確に解説できる理論に基づく、これまでとは全く異なった内容の提案を採ることである。

後者を選ぶこと、これによって、私たちが信じている「変化《チェンジ》」がもたらされるはずだ。

さらに読み進めたい読者のために●あとがき

本書のような小著では、すべての疑問や反論に応えることはできないし、そのつもりもない。

専門家ではない読者の皆さんには、それほど難しくない本を数冊、お薦めしたい。特に、マーレー・N・ロスバードの『私たちの通貨に対し政府は何をしてきたか？《What Has Government Done to Our Money?》』と『連邦準備制度に《The Case Against》対する反対《The Fed》』は秀逸である。通貨や連邦準備制度についてもう少し詳しく知りたい読者の皆さんは、ロスバードの『銀行の神秘《Mystery of Banking》』をお読みになるとよい。二〇〇八年には第二版が出版されている。著書『アメリカの大恐慌《America's Great Depression》』（第五版）の中で、ロスバードは、アメリカ史上最悪の経済恐慌を、オーストリア学派の景気循環理論を使って分析している。選集『オーストリア学派《The Austrian》の景気循環理論・その他の論考集《Theory of the Trade Cycle and Other Essays》』には、ロスバード、F・A・ハイエク、そしてルードビッヒ・フォン・ミーゼスの書いた論考が収められている。これらは、読者の皆さんの経済学に関する知識に関係なく、お読みになれば利益となることは間違いない。

経済学一般について知りたければ、ヘンリー・ハズリットの古典『経済学入門《Economics in Our Lesson》』をお読みになることをお薦めする。

オーストリア学派についての知識を得たければ、ルードビッヒ・フォン・ミーゼス研究所が運営するウェブサイト（Mises.org）をご覧になるとよい。オーストリア学派の学者たちの著書数百冊を読むこともできるし、プリントアウトもできる。また、様々なテーマに関する、難しくない論考も数千本用意されている。また、現在の私たちが直面している問題を取り扱った学術誌、音声録音、映像なども用意されている。これらの利用はすべて無料である。ヘンリー・ハズリットの『経済学入門』以外に、私が推薦した本は、このウェブサイトで閲覧することができるし、そのうちの三冊はオーディオブックの形式でダウンロードすることができる。

私の運営するウェブサイト（ThomasEWoods.com）もぜひご覧いただきたい。インターネット上で読める書籍、論考、音声、ビデオを取りそろえ、ご覧いただいた方々が、自由市場、健全な通貨、連邦準備制度についての知識を深められるはずだ。自主学習プログラムでは、簡単な教科書的な本から始めて、オーストリア学派の古典的名著に行きつくように設計されている。古典の代表作は、ミーゼスの『ヒューマン・アクション《Human Action》』とロスバードの『人間、経済、そして国家《Man, Economy, and State》』である。これらの大著の学習ガイドはパンフレットでも、インターネット上でも利用可能である。

アメリカ経済の失敗を「自由市場」のせいにする人々があまりにも多い。今ほど経済学を正しく理解することが必要とされている時期はない。もし最悪のケースを避けたいと思うなら、自由と自由経済を信奉している人々が、自分たちの信条についてもっとよく学び、それを守る方法を知らねばならない。ミーゼスは次のように述べている。

すべての人々は社会に参加している。誰もその責任から逃れることはできない。そして、もし社会が破滅に向かっているとすると、それからも逃れることはできない。従って、すべての人間は、自分の関心に沿って、知識を増やすために真剣に努力しなければならない。無関心でいてはいけない。関心を持って知的な努力をすることで結果がついてくる。望むと望まざるとにかかわらず、すべての人間は、歴史的な闘争に参加しているのだ。私たちは、生きている時代における決定的に重要な闘争に参加しているのだ。

脚注一覧

[第一章]

＊1 "Bush to Host Summit of Losers," Mish's Global Economic Trend Analysis, October 9, 2008, http://globaleconomicanalysis.blogspot.com/2008/10/bush-to-host-summit-of-losers.html を参照のこと。

＊2 Roger Runningen and Gregory Viscusi, "Bush Says He'll Host Summit Soon on Financial Crisis," Bloomberg.com,October 18,2008,http://www.bloomberg.com/apps/news? pid=20601087&sid=ab8PtaRD7KL8 を参照のこと。

＊3 Sheryl Gay Stolberg, "Constituents Make Their Bailout Views Known," *New York Times*, September 25, 2008 を参照のこと。

＊4 "House Members Voting 'Yes'on Bailout Received 54% More Money from Banks and Securities Firms than Members Voting' No,"' MAPLight. org, September 29, 2008, http://www.maplight.org/node /43109 を参照のこと。

＊5 "Want Some Government Money? Apply Now!" November 12,2008,http://blogs.abcnews.com/theworldnewser/2008/11/want-somegover.html を参照のこと。

＊6 Bertrand Benoit, "Why Germans Just Hate to Spend, Spend, Spend," *Financial Times* [U.K.], November 28, 2008 を参照のこと。

＊7 James K. Galbraith, interview with Deborah Solomon, *New York Times* (New York edition), November 2, 2008, MM13 を参照のこと。

＊8 Henry Hazlitt, *What You Should Know About Inflation,* 2nd ed. (Princeton, N.J.: D. Van Nostrand, 1965), 18ページを参照のこと。

[第二章]

＊1 Steven A. Holmes, "Fannie Mae Eases Credit to Aid Mortgage Lending," *New York Times*, September 30, 1999 を参照のこと。

＊2　同上。
＊3　M. J. Wells, "Why the Mortgage Crisis Happened," *Investor's Business Daily*, October 29, 2008 を参照のこと。
＊4　Stan J. Liebowitz, "Anatomy of a Train Wreck: Causes of the Mortgage Meltdown," Independent Policy Report, Independent Institute, October 3, 2008, 7 を参照のこと。
＊5　同上、8ページを参照のこと。
＊6　同上、10ページを参照のこと。
＊7　同上、14ページを参照のこと。
＊8　The material on Henry Cisneros relies on David Streitfeld and Gretchen Morgenson, "Building Flawed American Dreams," *New York Times*, October 18, 2008 を参照のこと。
＊9　Liebowitz, "Anatomy of a Train Wreck," 15ページを参照のこと。
＊10　同上、18ページを参照のこと。
＊11　同上、11ページを参照のこと。
＊12　Carden delivered these remarks in Memphis, Tennessee, on October 14, 2008 を参照のこと。
＊13　Liebowitz, "Anatomy of a Train Wreck," 12ページを参照のこと。
＊14　Ludwig von Mises, *Human Action*, Scholar's Edition (Auburn, Ala.: Ludwig vonMises Institute, 1998)［ルードヴィヒ・フォン・ミーゼス著、村田稔雄訳『ヒューマン・アクション：人間行為の経済学』（春秋社、２００８年）］５４９－５５０ページを参照のこと。
＊15　この点についてはマイケル・ロゼフの示唆を受けた。
＊16　Chris Reidy, "Zero-down Mortgage Initiative by Bush Is Hit: Budget Office Says Plan Likely to Spur More Loan Defaults," *Boston Globe*, October 5, 2004 を参照のこと。
＊17　Ben S. Bernanke, speech to the Independent Community Bankers of America National Convention, Las Vegas, Nevada, March 8, 2006;http://www.federalreserve.gov/BoardDocs/Speeches/2006/20060308/default.htmを参照のこと。この部分は、Thornton, "The Economics of Housing Bubbles." で引用された。
＊18　Jonathan McCarthy and Richard W. Peach, "Is there a 'Bubble' in the Housing Market Now?" Paper delivered at Eurobank EFG's conference on real estate, January 20, 2006; http://www.newyorkfed.org/research/economists/mccarthy/athens_bubble_paper.pdf を参照のこと。この点についてはボブ・マーフィーの示唆を受けた。
＊19　Testimony of Alan Greenspan, before the Special Committee on Aging, U.S. Senate, February 27, 2003; "U.S. Economy: Consumer Spending Shows Signs of strengthening," Bloomberg.com, May 9, 2003,http://www.bloomberg.com/

apps/news?pid=10000103&sid=a4ERjmO2X4io を参照のこと。
＊20 Antony Mueller, "Mr. Bailout," Mises.org, September 30, 2004 と、Antony P. Mueller, "Financial Cycles, Business Activity, and the Stock Market," *Quarterly Journal of Austrian Economics* 4 (Spring 2001): 14ページを参照のこと。
＊21 "'Greenspan Put' May Be Encouraging Complacency," *Financial Times*, December 8, 2000 を参照のこと。
＊22 Richard Rahn, "The Fed: Solution or Problem?" *Washington Times*, November 26, 2008 に引用された。

[第11章]

＊1 NPR, "All Things Considered," March 2, 2007 を参照のこと。
＊2 CNN Late Edition, March 16, 2008 を参照のこと。
＊3 Bloomberg TV, May 17, 2007 を参照のこと。
＊4 Associated Press, "Paulson Backs Bush Comment About Wall Street's 'Hangover,'" August 10, 2008 を参照のこと。
＊5 Gary North, "The End of an Era," September 23, 2008, http://www.lewrockwell.com/north/north654.html を参照のこと。
＊6 Press Briefing by Dana Perino and Secretary of the Treasury Henry Paulson, September 15, 2008 を参照のこと。
＊7 Edmund L. Andrews, Michael J. de la Merced, and Mary Williams Walsh, "Fed's $85 Billion Loan Rescues Insurer," New York Times, September 16, 2008 を参照のこと。
＊8 Frank Shostak, "The Rescue Plan Will Delay Recovery," Mises.org, September 29, 2008 を参照のこと。
＊9 Declan McCullagh, "Will U.S. Taxpayers Need a Bailout?" CBS News, October 15, 2008,http://www.cbsnews.com/stories/2008/10/14/politics/otherpeoplesmoney/main4522346.shtml を参照のこと。
＊10 David Brooks, "Revolt of the Nihilists," New York Times, September 29, 2008 を参照のこと。
＊11 Robert P. Murphy, "Wall Street Plan Won't Aid Recovery," *San Diego Union-Tribune*, September 25, 2008と、Jesus Huerta de Soto, *Money, Bank Credit, and Economic Cycles*, trans. Melinda Stroup (Auburn, Ala.: Ludwig von Mises Institute, 2006), 598-600ページを参照のこと。
＊12 Gary Galles, "Don't Sell Short Selling Short," Mises.org, April 6, 2007 を参照のこと。
＊13 同上。
＊14 預金保険については、Murray N. Rothbard, *The Case Against the Fed* (Auburn, Ala.: Ludwig von Mises Institute, 1994), 134-137ページを参照のこと。
＊15 Arthur E. Wilmarth Jr., "Controlling Systemic Risk in an Era of Financial Consolidation," http://www.imf.org/

external/np/leg/sem/2002/cdmfl/eng/wilmar.pdf を参照のこと。マイケル・ロゼフがこの論文について教示してくれた。

＊16 Michael S. Rozeff, "Deregulation Blunders and Moral Hazard," November 17, 2008, http://www.lewrockwell.com/rozeff/rozeff240.html を参照のこと。

＊17 Michael S. Malone, "The Pump-and-Dump Economy," *Wall Street Journal,* December 21, 2006 を参照のこと。

＊18 V. V. Chari, Lawrence Christiano, and Patrick J. Kehoe, "Myths about the Financial Crisis of 2008," Working Paper 666, Federal Reserve Bank of Minneapolis Research Department, October 2008, available at http://www.minneapolisfed.org/research/WP/WP666.pdf を参照のこと。

＊19 Brian Love, "Credit Crunch? What Credit Crunch?" Reuters, December 11, 2008を参照のこと。

＊20 Statement of Secretary Henry M. Paulson Jr. on Financial Markets Update, Press Room, U.S. Department of the Treasurty, October 8, 2008, http://www.ustreas.gov/press/releases/hp1189.htmを参照のこと。

＊21 Rebecca Christie and Robert Schmidt, "Treasury to Invest in 'Healthy' Banks, Kashkari Says," Bloomberg.com, October 13, 2008, http://www.bloomberg.com/apps/news?pid=20601087&sid=aevZYw1y DiuA&refer=home を参照のこと。

＊22 Mark Landler, "U.S. Investing $250 Billion in Banks," *New York Times,* October 13, 2008 を参照のこと。

＊23 "Chavez Says 'Comrade Bush' Turns Left in Crisis," Reuters, October 15, 2008, http://www.reuters.com/article/topNews/idUSTRE49F0K720081016 を参照のこと。

＊24 David S. Hilzenrath and Glenn Kessler, "U.S. Seizes Control of AIG with $85 Billion Loan," *Washington Post,* September 17, 2008 を参照のこと。

＊25 Jeffrey A. Miron, "Why This Bailout Is as Bad as the Last One," CNN.com, October 14, 2008 を参照のこと。

＊26 Associated Press, "Banks Using Government Money for Deals," *Boston Herald,* November 1, 2008 を参照のこと。

＊27 Nicole Gelinas, "A Tale of Two Paulsons," *City Journal,* November 21, 2008, http://www.city-journal.org/2008/eon1121ng.html を参照のこと。

＊28 John Brinsley and Robert Schmidt, "Paulson Shifts Focus of Rescue to Consumer Lending," Bloomberg.com, November 12, 2008,http://www.bloomberg.com/apps/news?pid=20601087&sid=aVgfVZDnnFh4 を参照のこと。

＊29 Robert Higgs, "Regime Uncertainty: Why the Great Depression Lasted So Long and Why Prosperity Resumed after the War," *Independent Review* 1 (Spring 1997) ５６１－５９０ページを参照のこと。

＊30 Robert Murphy, "Conservatives Should Oppose Corporate Welfare," Townhall.com, September 27, 2008と、Jeffrey A. Miron, "Bankruptcy, not Bailout, Is the Right Answer," CNN.com, September 29, 2008 を参照のこと。

＊31 On the mismanagement of the Big Three, see Doron Levin and John Helyar,"'Already Bankrupt' GM Won't Be Rescued by U.S. Loan," Bloomberg.com, December 12, 2008, http://www.bloomberg.com/apps/news?pid=20601170&refer=home&sid=ai5KpbywxqiQ を参照のこと。
＊32 Vernon L. Smith, "There's No Easy Way Out of the Bubble," *Wall Street Journal,* October 9, 2008 を参照のこと。
＊33 Edmund L. Andrews, "Fed Cuts Benchmark Rate to Near Zero," *New York Times,* December 17, 2008 を参照のこと。
＊34 この点については、アンソニー・グレゴリーから示唆を受けた。
＊35 Lionel Robbins, *The Great Depression* (London: Macmillan, 1934), 73ページを参照のこと。
＊36 William Graham Sumner, "The Delusion of the Debtors," in *Sumner, The Forgotten Man and Other Essays,* ed. Albert Galloway Keller (New Haven: Yale University Press, 1918), １５３ページ、１７０ページを参照のこと。
＊37 ルードビッヒ・フォン・ミーゼスが最初に提示した理論をハイエクが発展させた。

[第四章]

＊1 "1. Standard & Poor's Home Price Values, September 2008 を参照のこと。
＊2 John Williams compiles this data at his Shadow Government Statistics website, http://www.shadowstats.com を参照のこと。
＊3 Lionel Robbins, *The Great Depression* (London: Macmillan, 1934), 31ページを参照のこと。
＊4 同上、16ページを参照のこと。
＊5 Roger W. Garrison, "The Austrian Theory: A Summary," in *The Austrian Theory of the Trade Cycle and Other Essays,* comp. Richard M. Ebeling (Auburn, Ala.: Ludwig von Mises Institute, 1996 [1978]), 98-99 を参照のこと。
＊6 Jorg Guido Huismann, *The Ethics of Money Production* (Auburn, Ala.: Ludwig von Mises Institute, 2008), 71ページを参照のこと。
＊7 Ludwig von Mises, Human Action: A Treatise on Economics, Scholar's Edition (Auburn, Ala.: Ludwig von Mises Institute, 1998) [『ヒューマン・アクション』] ５５７ページと、Robert P. Murphy, "An Open Letter to Gary Becker re: Depressions," Mises.org, November 24, 2008, http://mises.org/story/3220 を参照のこと。
＊8 Robbins, *The Great Depression,* 41－42ページを参照のこと。
＊9 Robbins, *The Great Depression,* 43ページを参照のこと。
＊10 John Maynard Keynes, *The General Theory of Employment, Interest, and Money* [ジョン・メイナード・ケインズ著、間宮陽介訳『雇用、利子および貨幣の一般理論（上・下）』（岩波書店、２００８年）] (New York: Harcourt Trade,

1964 [1936]), 322ページを参照のこと。
*11 Antony P. Mueller, "Financial Cycles, Business Activity, and the Stock Market," *Quarterly Journal of Austrian Economics* 4 (Spring 2001), 9ページを参照のこと。
*12 F. A. Hayek, *Prices and Production and Other Works,* ed. Joseph T. Salerno (Auburn, Ala.: Ludwig von Mises Institute, 2008), 6－7ページを参照のこと。
*13 Robbins, *The Great Depression,* 37ページを参照のこと。
*14 Peter D. Schiff, *Crash Proof: How to Profit from the Coming Economic Collapse* (New York:Wiley, 2007), 88－89ページを参照のこと。
*15 Gene Callahan and Roger W. Garrison, "Does Austrian Business Cycle Theory Help Explain the Dot-Com Boom and Bust?" *Quarterly Journalof Austrian Economics* 6 (Summer 2003): 89ページを参照のこと。
*16 Mises, *Human Action* [『ヒューマン・アクション』] 551ページを参照のこと。
*17 "Tories Accuse Darling of 'Giant Con' Over Plans to Raise Taxes after Recession Is Over," *Daily Mail* (U.K.), November 13, 2008を参照のこと。
*18 Edmund L. Andrews, "Fed Cuts Benchmark Rate to Near Zero,"*New York Times,* December 17, 2008を参照のこと。
*19 Callahan and Garrison, "Dot-Com Boom and Bust," 86ページを参照のこと。
*20 同上、85ページを参照のこと。
*21 Hans F. Sennholz, "The Fed is Culpable," Mises.org, November 11, 2002を参照のこと。
*22 Jesus Huerta de Soto, *Money, Bank Credit, and Economic Cycles,* trans. Melinda D. Straup (Auburn, Ala.: Ludwig von Mises Institute, 2006) と、Fritz Machlup, *The Stock Market, Credit, and Capital Formation,* trans. Vera C. Smith (London:William Hodge and Co., 1940), 92ページを参照のこと。
*23 Callahan and Garrison, "Dot Com Boom and Bust," 87ページを参照のこと。
*24 技術的に細かい点は、後の章で説明する。
*25 Mark Thornton, "The Economics of Housing Bubbles," *in Housing America: Building Out of a Crisis,* ed. Randall G. Holcombe and Benjamin Powell (New Brunswick, N.J.: Transaction, forthcoming July 2009) を参照のこと。
*26 この点については、Mark Thornton から示唆を受けた。
*27 Gerald O'Driscoll and Mario Rizzo. Gerald P. O'Driscoll and Mario Rizzo,*The Economics of Time and Ignorance,* 2nd ed. (London: Routledge,1996), 190ページを参照のこと。
*28 統計数字については、Benjamin Powell, "Explaining Japan's Recession,"*Quarterly Journal of Austrian Economics* 5

(Summer 2002), 48ページを参照のこと。
＊29 William Bonner with Addison Wiggin, *Financial Reckoning Day* (New York: John Wiley & Sons, 2004) 237ページを参照のこと。
＊30 Powell, "Explaining Japan's Recession," 39ページを参照のこと。
＊31 Frank Shostak, "Are Fannie and Freddie Too Big to Fail?" Mises.org, September 17, 2008.Mark Thornton と、"Apoplithorismosphobia," *Quarterly Journal of Austrian Economics* 6 (Winter 2003): 11n5 を参照のこと。
＊32 Thornton, "Apoplithorismosphobia," 14ページで引用された。
＊33 同上。
＊34 Mises, Human Action [『ヒューマン・アクション』] 583ページを参照のこと。
＊35 Quoted in Brian M. Carney, "Bernanke is Fighting the Last War," *Wall Street Journal,* October 18, 2008 を参照のこと。
＊36 Paul Krugman, "Fear Itself," *New York Times,* September 30, 2001 を参照のこと。

[第五章]

＊1 Christina D. Romer, "Is the Stabilization of the Postwar Economy a Figment of the Data?" *American Economic Review* 76 (June 1986) 314－334ページと、Romer,"Remeasuring Business Cycles," *Journal of Economic History* 54 (September 1994) 573－609ページを参照のこと。19世紀については、H. A. Scott Trask, "William Graham Sumner: Monetary Theorist," *Quarterly Journal of Austrian Economics* 8 (Summer 2005) 35－54ページを参照のこと。
＊2 Murray N. Rothbard, *The Panic of 1819: Reactions and Policies* (New York: Columbia University Press, 1962), 第5章を参照のこと。
＊3 William M. Gouge, *A Short History of Paper Money and Banking in the United States* (New York: Augustus M. Kelley, 1968 [1833]), 83ページを参照のこと。
＊4 Rothbard, *The Panic of 1819,* 21ページを参照のこと。
＊5 同上、182ページを参照のこと。
＊6 William Leggett, *Democratick Editorials: Essays in Jacksonian Political Economy,* ed. Lawrence H. White (Indianapolis, Ind.: Liberty Press,1984), 93ページを参照のこと。
＊7 同上、98ページを参照のこと。
＊8 同上、97ページを参照のこと。

＊9 同上、116ページを参照のこと。
＊10 Jesus Huerta de Soto, *Money, Bank Credit, and Economic Cycles,* trans. Melinda A. Stroup (Auburn, Ala.: Ludwig von Mises Institute, 2006), 484－485ページを参照のこと。
＊11 H. A. Scott Trask, "Reflation in American History," October 31, 2003,http://www.mises.org/articles.aspx?AuthorId=161を参照のこと。
＊12 Murray N. Rothbard, *A History of Money and Banking in the United States: The Colonial Era to World War II,* ed. Joseph T. Solerno (Auburn, Ala.: Ludwig von Mises Institute, 2002), 135ページを参照のこと。
＊13 Michael S. Rozeff, "The Panic of 2008 and Financial Socialization," October20, 2008, http://www.lewrockwell.com/rozeff/rozeff231.html を参照のこと。
＊14 Jeremy Atack and Peter Passel, *A New Economic View of American History* (New York: W.W. Norton, 1979), 523ページを参照のこと。
＊15 Rothbard, *A History of Money and Banking in the United States,* 154－155ページを参照のこと。
＊16 Milton Friedman and Anna Schwartz, *A Monetary History of the United States,* 1867-1960 (Princeton: Princeton University Press, 1971), 87－88ページを参照のこと。上記の部分は、Joseph T. Salerno, "An Austrian Taxonomy of Deflation－With Applications to the U.S.,"*Quarterly Journal of Austrian Economics* 6 (Winter 2003), 89ページに引用されている。
＊17 William Graham Sumner, *A History of American Currency* (New York: Henry Holt, 1874), 172ページを参照のこと。
＊18 通貨供給、不況、経済回復についての統計数字については、Kenneth Weiher, *America's Search for Economic Stability: Monetary and Fiscal Policy Since 1913* (New York: Twayne, 1992), 26－37ページを参照のこと。
＊19 Robert Aaron Gordon, *Economic Instability and Growth: The American Record* (New York: Harper and Row, 1974), 21－22ページを参照のこと。これは、Salerno,"An Austrian Taxonomy of Deflation," 95－96ページに引用されている。
＊20 Robert A. Degen, *The American Monetary System: A Concise Survey of Its Evolution Since 1896* (Lexington, Mass.: D.C. Heath, 1987), 41ページを参照のこと。
＊21 日本について、Benjamin M. Anderson, *Economics and the Public Welfare:A Financial and Economic History of the United States, 1914-1946* (Indianapolis: Liberty Press, 1979 [1949]), 88－89ページ、90ページを参照のこと。
＊22 同上、92ページ。
＊23 Murray N. Rothbard, *America's Great Depression,* 4th ed. (New York: Richardson & Snyder, 1983) と、Melchior Palyi, *The Twilight of Gold, 1914-1936: Myths and Realities* (Chicago: Henry Regnery, 1972), を参照のこと。

＊24 Percy L. Greaves Jr., *Understanding the Dollar Crisis* (Boston: Western Islands, 1973), 222－223ページを参照のこと。

＊25 Mark Skousen, *The Structure of Production* (New York: New York University Press, 1990), 355－356ページを参照のこと。

＊26 Joseph T. Salerno, "Money and Gold in the 1920s and 1930s: An Austrian View," *Ideas on Liberty* 49 (October 1999), 31－40ページを参照のこと。この論文はインターネット上の以下のアドレスで利用できる。http://www.fee.org/publications/the-freeman/article.asp?aid= 4942

＊27 統計数字については、Rothbard, *America's Great Depression* の第4章と第5章と、Greaves, *Understanding the Dollar Crisis*, Lecture VI も参照のこと。

＊28 Rothbard, *America's Great Depression*, 148ページを参照のこと。

＊29 Mark Thornton, "Mises vs. Fisher on Money, Method, and Prediction: The Case of the Great Depression," Ludwig von Mises Institute Working Paper, December 19, 2006, 9ページを参照のこと。

＊30 同上、9－10ページを参照のこと。

＊31 同上、14ページを参照のこと。

＊32 同上。

＊33 "FDR's Disputed Legacy," *Time*, February 1, 1982, 23; cited in Lawrence W. Reed, "Great Myths of the Great Depression," rev. ed., Mackinac Center for Public Policy, 2005, 6ページを参照のこと。

＊34 会議については、Rothbard, *America's Great Depression*, 276－277ページを参照のこと。

＊35 1933年10月22日の炉辺談話の中で、フランクリン・D・ルーズベルト大統領は次のように語っている。「私が多くの機会を通じて述べている通り、昨年の3月から物品の価格は回復している」。このルーズベルト大統領の炉辺談話は、Greaves, *Understanding the Dollar Crisis*, 237ページに引用されている。

＊36 Robbins, *The Great Depression*, 75ページを参照のこと。

＊37 Harold L. Cole and Lee E. Ohanian, "New Deal Policies and the Persistence of the Great Depression: A General Equilibrium Analysis," *Journal of Political Economy* 112 (August 2004), 813ページ。

＊38 Rothbard, *History of Money and Banking*, 103ページを参照のこと。

＊39 Salerno, "Money and Gold in the 1920s and 1930s: An Austrian View"と、Richard K. Vedder and Lowell E. Gallaway, *Out of Work: Unemployment and Government in Twentieth-Century America* (New York: Holmes & Meier, 1993), 第7章を参照のこと。

＊40 Paul Krugman, "Franklin Delano Obama?" *New York Times,* November 10, 2008 を参照のこと。

＊41 Robert Higgs, *Depression, War, and Cold War* (New York: Oxford University Press, 2006) と、my distillation in Thomas E. Woods Jr., *33 Questions About American History You're Not Supposed to Ask* (New York: Crown Forum, 2007), 97－105ページを参照のこと。また、George Reisman, *Capitalism* (Ottawa, Ill.: Jameson Books, 1996), 262ページを参照のこと。

＊42 Jon Basil Utley が最初にこの思考実験を行なった。

[第六章]

＊1 Thorsten Polleit, "Confidence Is Leaving the Fiat Money System," Mises.org, October 10,2008と、Michael S. Rozeff, "Understanding Recession," October 21, 2008,http://www.lewrockwell.com/rozeff/rozeff232.html を参照のこと。リスクについては、Robert P. Murphy, "Did Deregulated Derivatives Cause the Financial Crisis?" *The Freeman,* forthcoming を参照のこと。

＊2 Robert P. Murphy, *The Politically Incorrect GuideTM to Capitalism* (Washington, D.C.: Regnery, 2007), 88ページと、Ludwig von Mises, *Human Action: A Treatiseon Economics,* Scholar's edition (Auburn, Ala.: Ludwig von Mises Institute, 1998), 403ページ。

＊3 このプロセスについては、Murray N. Rothbard, *What Has Government Done to Our Money?* 4th ed. (Auburn, Ala.: Ludwig von Mises Institute,1990), を参照のこと。

＊4 Jorg Guido Huismann, *The Ethics of Money Production* (Auburn, Ala.: Ludwig vonMises Institute, 2008), 55ページを参照のこと。

＊5 Henry Hazlitt, *What You Should Know About Inflation,* 2nd ed. (Princeton, N.J.: D. Van Nostrand, 1965), 25－26ページを参照のこと。

＊6 Joseph A. Schumpeter, *History of Economic Analysis* (New York: Oxford University Press, 1954)［J・A・シュンペーター著、東畑精一、福岡正夫訳『経済分析の歴史（上・中・下）』（岩波書店、2005年）］405－406ページを参照のこと。これについては、Mark Thornton から示唆を受けた。

＊7 Rothbard, *What Has Government Done to Our Money?* を参照のこと。

＊8 Jesus Huerta de Soto, *Money, Bank Credit, and Economic Cycles,* trans. Melinda A. Stroup (Auburn,Ala.: Ludwig von Mises Institute, 2006), 第1章を参照のこと。

＊9 Murray N. Rothbard, *The Mystery of Banking,* 2nd ed. (Auburn, Ala.: Ludwig von Mises Institute, 2008), を参照の

こと。
＊10 Gene Smiley, *Rethinking the Great Depression* (Chicago: Ivan R. Dee, 2002), 37－38ページを参照のこと。
＊11 同上、39ページを参照のこと。
＊12 De Soto, *Money, Bank Credit, and Economic Cycles*, ６３８ページを参照のこと。
＊13 Thomas E. Woods Jr., *The Church and the Market: A Catholic Defense of the Free Economy* (Lanham, Md.: Lexington, 2005), 87－94ページを参照のこと。
＊14 ニュースで「連邦準備制度が金利を下げた」と言う場合、フェデラル・ファンド（ＦＦ）レートを指す。ＦＦレートは、銀行が相互で貸し借りを行なう際の金利である。
＊15 Huismann, *The Ethics of Money Production*, 85ページを参照のこと。
＊16 Huismann, *The Ethics of Money Production*, １８２－１８３ページを参照のこと。
＊17 Jorg Guido Huismann, "Optimal Monetary Policy," *Quarterly Journal of Austrian Economics* 6 (Winter 2003), 54ページを参照のこと。
＊18 Murray N. Rothbard, *Man, Economy, and State: A Treatise on Economic Principles* (Princeton, N.J.: D. Van Nostrand, 1962)［マレー・Ｎ・ロスバード著、吉田靖彦訳『人間、経済及び国家：オーストリア学派自由市場経済学原理（上・下）』（青山社、２０００年）］40－49ページを参照のこと。
＊19 この具体例は、経済学者フランク・ショースタックから教示を受けた。信用の原泉としての実質貯蓄を著作のテーマにしている。
＊20 Ludwig von Mises, *The Causes of the Economic Crisis, and Other Essays Before and After the Great Depression* (Auburn, Ala.: Ludwig von Mises Institute, 2006), １６２ページを参照のこと。この本はもともと、１９７８年に *On the Manipulation of Money and Credit* として出版された。
＊21 この点については、Walter Block, "The Gold Standard: A Critique of Friedman, Mundell, Hayek, Greenspan," *Managerial Finance* 25 (May1999), 16－19ページを参照のこと。
＊22 Huismann, *The Ethics of Money Production*, 80－34ページを参照のこと。
＊23 Hans F. Sennholz, *Age of Inflation* (Belmont, Mass.: Western Islands, 1979), 19ページを参照のこと。
＊24 「価格安定化」の欠点については、Rothbard, *Man, Economy, and State*［『人間、経済及び国家』］７４１－７４４ページを参照のこと。
＊25 Henry Hazlitt, *Man vs. the Welfare State* (New Rochelle, N.Y.: Arlington House, 1969), １６３ページ。

[第七章]

＊1 この問題については、Murray N. Rothbard, *Man, Economy, and State: A Treatiseon Economic Principles* [『人間、経済及び国家』] (Princeton, N.J.: D. VanNostrand,1962), ３４３－３４５ページを参照のこと。

＊2 中間生産段階をＧＤＰに含むにあたり、「二重計算」となるという批判がある。しかし、「二重計算」になるかどうかは、計算に含む項目によって異なる。

＊3 John Stuart Mill, *Principles of Political Economy* (New York: A. M. Kelley, 1999), 74ページを参照のこと。

＊4 Murray N. Rothbard, *America's Great Depression,* 4th ed. (New York: Richardson & Snyder, 1983), ２７７ページを参照のこと。

＊5 James Mill, *On the Underconsumption and Overproduction Fallacies, ed. George Reisman* (Laguna Hills, Calif.: Jefferson School of Philosophy, Economics, andPsychology, 2000), ８－９ページを参照のこと。この章は、Mill's *Commerce Defended* of 1808 からの抜粋である。

＊6 Henry Hazlitt, *The Failure of the "New Economics": An Analysis of the Keynesian Fallacies* (Princeton, N.J.: D. Van Nostrand, 1959), 32－43ページを参照のこと。ケインズ経済学に対する批判については、George Reisman, *Capitalism,* (Ottawa, Ill.: Jameson Books, 1996), 第18章を参照のこと。

＊7 Mill, *On the Underconsumption and Overproduction Fallacies,* ５－６ページを参照のこと。

＊8 この例えについては、Peter Schiff から示唆を得た。

＊9 Steven Landsburg, "Why Secretary Paulson's Plan to Bail Out the FinancialIndustry Needs a Better Explanation," TheAtlantic.com, September 22, 2008, http://thecurrent.theatlantic.com/archives/2008/09/not-buying-it.php を参照のこと。

＊10 Jeffrey A. Miron, "Bankruptcy, Not Bailout, Is the Right Answer," CNN.com, September 29, 2008, http://www.cnn.com/2008/POLITICS/09/29/miron.bailout を参照のこと。

＊11 Robert Higgs, "The Trillion-Dollar Defense Budget Is Already Here,"http://www.independent.org/newsroom/article.asp?id=1941 を参照のこと。

＊12 John Morton Blum, *From the Morgenthau Diaries: Years of Crisis,1928-1938* (Boston: Houghton Mifflin, 1959), 70ページを参照のこと。また、Lawrence W. Reed, *"Great Myths of the Great Depression,"* rev. ed., Mackinac Centerfor Public Policy, 2005, 15ページも参照のこと。

＊13 Ron Paul, *The Revolution: A Manifesto* (New York: Grand Central,2008), １５０ページを参照のこと。

＊14 Mark Pittman, Bob Ivry, and Alison Fitzgerald, "Fed Defies Transparency Aim in Refusal to Disclose," November 10, 2008,http://www.bloomberg.com/apps/news?pid=20601087&sid=aatlky_cH.t Y&refer=worldwide を参照のこと。

＊15 Judy Shelton, "Loose Money and the Roots of the Crisis," Wall Street Journal, September 30, 2008を参照のこと。

＊16 Henry Hazlitt, *What You Should Know About Inflation,* 2nd ed. (Princeton, N.J.: D. Van Nostrand, 1965), 29ページを参照のこと。

＊17 古典的な金本位制の欠点に対する自由市場の観点からの指摘については、Jorg Guido Huismann, *The Ethics of Money Production* (Auburn, Ala.: Ludwig von Mises Institute, 2008), ２０９－２１３ページを参照のこと。民間の硬貨鋳造についてのケーススタディについては、George Selgin, *Good Money: Birmingham Button Makers, the Royal Mint, and the Beginnings of Modern Coinage, 1775-1821* (Ann Arbor, Mich.: University of Michigan Press, 2008)を参照のこと。

＊18 F. A. Hayek, "Toward a Free Market Monetary System," *Journal of Libertarian Studies* 3 (Spring 1979) １－８ページを参照のこと。これらの発言は、１９７７年11月10日ルイジアナ州ニューオーリンズ市で開催された the Gold and Monetary Conference でなされた。

＊19 Huismann, *The Ethics of Money Production,* ２４１ページを参照のこと。

＊20 Hazlitt, *What You Should Know About Inflation,* 58-61; Murray N. Rothbard, The Mystery of Banking, 2nd ed. (Auburn, Ala.: Ludwig von Mises Institute, 2008 [1983]), ２６１－２６８ページを参照のこと。経済学者 George Reisman の計画については、"The Path to Sound Money":http://mises.org/multimedia/mp3/MU2007/61-Reisman.mp3 を参照のこと。

＊21 Peter D. Schiff, *Crash Proof: How to Profit from the Coming Economic Collapse* (New York: Wiley, 2007), ２１３－２１４ページを参照のこと。

＊22 １９９０年代については、Mark Thornton, "Who Predicted the Bubble? WhoPredicted the Crash?" *Independent Review* 9 (Summer 2004), ５－30ページを参照のこと。

訳者解説

本書『メルトダウン 金融溶解』の著者、トーマス・E・ウッズ・ジュニア Thomas E. Woods Jr. は、合衆国アラバマ州オーバーン市に本拠を置く、ルードビッヒ・フォン・ミーゼス研究所 Ludwig von Mises Institute の上級研究員 senior fellow《シニア・フェロー》である。ルードビッヒ・フォン・ミーゼスという偉い経済学者がいて、この人は、フリードリッヒ・A・フォン・ハイエク Friedrich A. Von Hayek と並び称せられる「オーストリア学派」の経済学者である。F・ハイエクの名なら聞いたことがあるだろう。

ミーゼスは、ハイエクに影響を与えた。一九三三年にはドイツにナチス政権が誕生し、彼らは、ユダヤ人ではないが、自由主義者であったので迫害を恐れて国外に逃れ、アメリカにたどり着いた。彼らはオーストリア学派 Austrian School of Economics《オーストリアン・スクール・オブ・エコノミクス》と呼ばれる。オーストリア学派は現代アメリカの著名な経済学者の派閥である。他に、ジョゼフ・シュムペーターという大学者もいる。ミーゼスも、ハイエクも、モンペルラン・ソサエティ Mont Pelerian Society という団体に所属していた。このモンペルラン・ソサエティという団体は、オーストリア＝ハンガリー二重帝国の貴族だった人々の集まりである。

オーストリア学派は、「ウィーン学団《クライス》」とも呼ばれ、一九世紀末のオーストリア＝ハンガリー帝国の首都ウィーンに集った学者、文化人たちが作った学派であり、同時に思想運動でもあった。

この世紀末ヨーロッパ思想運動には、例えば、小説家フランツ・カフカがおり、哲学者ヴィトゲンシュタインがおり、物理学者アインシュタインも含まれている。大きくは社会学者マックス・ウェーバーも含まれる。この学派の大立者は、エルンスト・マッハ（あの「マッハ（音速）」を作った人）である。

マッハの思想の不可思議さが、現在の世界の私たちの「人間（人類）というもの」の不可思議さの探究につながっている。欧米二〇世紀諸学問《サイエンシズ》の全ての土台は、このウィーン学団、オーストリア学派によって築かれたと言っても過言ではない。

昨年、二〇〇八年九月一五日に、アメリカの大手投資銀行（証券会社）リーマン・ブラザーズが破綻した。同日、メリル・リンチも破綻して、バンク・オブ・アメリカに吸収合併された。その翌日には、世界最大の保険会社であるＡＩＧも破綻して、ＦＲＢが、ＡＩＧに八五〇億ドル（約八兆五〇〇〇億円）の特別融資を行なって救済した。この〝リーマン・ショック〟の衝撃は世界中に広がった。アメリカ発の金融危機 economic crisis《エコノミック・クライシス》 は、このあとに来る世界大恐慌

great depression《グレイト・ディプレッション》への引き金となったのである。

この金融破綻劇は日本にもすぐに波及して、日経平均株価はこのあと暴落を繰り返した。前年の二〇〇七年六月三〇日には、平均株価は一万八一三八円にまで上昇していた。それが一年後の二〇〇八年一〇月二七日には、何と七一六二円にまで暴落した。私はこの時期にも金融・経済本『恐慌前夜』（祥伝社刊）等を書いており、日本では私の予測が次々に現実のものとなった。

本書『メルトダウン　金融溶解』は、私、副島隆彦と大きくは同じ考えに立つ本である。著者トーマス・ウッズは、「連邦準備制度こそが現在の金融危機の真犯人 culprit《カルプリット》である」と断定している。連邦準備制度が、人為的に金利をあまりに低く押さえつけ続けている。そのために世の中にあるお金の量を異常なまでに増やした。このことが大きな政策失敗であり、諸悪の根源だとしている。だから、不動産バブルが発生し、加えて不動産ローン担保債権の証券化 securitisation《セキュリタイゼーション》と、高レバレッジ（投資賭け倍率）の金融先物市場での膨大な取引量が、大破裂を起こした。やがてこれが株式《ストック》と債券《ボンド》と為替（通貨《カレンシー》）の大暴落を起こした。それでアメリカの金融・経済が崩壊しかかったのである。

この考えは、私がこの数年来、自著で書いてきたことと一致する。

この本『メルトダウン　金融溶解』の中で、著者ウッズは、オーストリア学派経済学の真骨《しんこつ》頂《ちょう》である景気循環理論（景気の波の理論）を分かりやすく説明している。この景気と不景気の波の理論を使って、どうしてバブルが発生し、そしてハジけるのかを詳しく解説している。奇妙なことを言うようだが、バブルは必ずハジけるのである。そしてハジけ飛んだあとになってからしか、人々は気づかない。人間とは愚かな生き物である。

オーストリア学派は、自由市場（フリー・マーケット）を至上のものとして信奉している。しかし、自由な市場を過度に言い過ぎると、それは宗教（信仰）になる。オーストリア学派は、中央銀行（日本で言えば日本銀行）が、人為的に意図的に、金利とお金の量をあまりに人工的に調節して操作するものだから、そのせいでバブル（過熱した経済・欲ボケの時代）が生み出されるとする。そしてバブルは実際にこのあと見事に崩壊した。バブル崩壊によって投資家たちだけでなく、多くの人々の人生が翻弄《ほんろう》された。

著者トーマス・ウッズは、アメリカで生まれたリバータリアニズム Libertarianism という政治思想に属する学者である。

リバータリアニズムとは、「人々の生活に政府はできる限り干渉するな」という思想である。政府が何もせず、放置しておけば、経済は自己回復力で立ち直り、いったん陥った経済危機からもうまく脱出できると考える。この考えは、例えて言えば、「なるべく医者にかからないで病気を自力で治す」という考えである。病気は病人本人の体の自然治癒《ちゆ》力で治すのであって、極力、薬に頼るべきではないという考えに近い。

アメリカ国民にとっては、自由市場《フリー・マーケット》という考えはあまりにも当たり前すぎて、信仰のようになっている。アメリカ人は、「自由市場が機能すればすべてがうまくいく」と今も信じて疑わない。アメリカ人の多くは、今も自由市場という本当に存在するのか否か分からない実体のないもの（幻想）を、信じているのである。自由市場や資本主義だって、自明なものではなくて、もしかしたら宗教（幻想）かもしれないのである。

本書では、著者ウッズは、ＦＲＢ《エフアールビー》（連邦準備制度理事会）という語を使わない。ＦＲＳ《エフアールエス》（Federal Reserve System《フェデラル・リザーブ・システム》 連邦準備制度）と使っているが両者は同じことである。日本の新聞やテレビでは普通、ＦＲＢ《エフアールビー》と呼んでいる。実態はアメリカ連邦準備銀行《フェデラル・リザーブ・バンク》（ＦＲＢ）であるのに、それをわざと「理事会《ボード》」と呼んで神聖視しているだけのことである。理事会の下に、ニューヨーク連邦準備銀行をはじめとして、全米を一二の地区に分けた、一二の地区連銀《ちくれんぎん》（アトランタ、ダラス、クリーブランド等）から成っている。ＦＲＢのことをアメリカでは、The Fed《ザ・フェッド》、もしくはただ単に the Federal Reserve と書くことも多い。

著者ウッズの先生のミーゼスは、一九四〇年に、オーストリアからアメリカに亡命してきて、その後、長くニューヨーク大学の教授を務めた。ミーゼスは、統制経済《コントロールド・エコノミー》が大嫌いである。彼は、とにかく国家による統制や計画経済 planned economy《プランド・エコノミー》を毛嫌いする。即ち、市場による経済を何よりも重視するので、国家（官僚たち）が金融・財政だけでなく、生産と物流をも管理・支配する手法を厳しく批判し続けた。だから著者が所属するミーゼス研究所は、自由市場《フリー・マーケット》の存在を至上のものとし、神の別名であるように崇《あが》め、信奉する。ミーゼス研究所は、リバータリアニズム Libertarianism というアメリカの新しい思想運動の拠点のひとつともなっている。リバータリアニズムというのは、「政府に頼らず、何事も自分のことは自分でやる」というアメリカの土着の民衆の保守思想である。

このルードビッヒ・フォン・ミーゼス研究所は、アラバマ州オーバーン市という、アメリカ南部の小さな地方の大学町にある。ウッズは、ハーバード大学卒業後、コロンビア大学で歴史学の博士号を取得している学者である。

本書『メルトダウン　金融溶解』には、リバータリアンのロン・ポール Ron Paul 議員が、巻頭に推薦の辞を寄せている。ロン・ポール議員は共和党所属のテキサス州選出の下院議員《コングレスマン》である。ロン・ポールは、連邦準備制度そのものの災いを指摘し、その廃止を主張している。彼の考えに賛同するアメリカ人は多い。彼らは国民の経済生活に対する政府・国家の介入に徹底的に反対している。また、アメリカが外国で行なう対外戦争行動（侵略戦争）にも反対する立場を貫いている。ロン・ポールは、元々立派な産婦人科医であり、気骨のある自由思想家としてアメリカでは有名な人物である。彼は二〇〇八年の大統領選挙で共和党の予備選に出馬した。

最初は泡沫候補扱いされたが、真実の言論の力で、若者層から大きな支持を得た。彼の演説はインターネット上の動画サイトであるユーチューブ YouTube で多く見ることができる。彼の公式ホームページは http://www.ronpaul.com/ である。

ロン・ポール議員は、現在のアメリカの金融危機の到来を数年前から予測し、政府を痛烈に批判してきた。米政府はドル紙幣を刷り散らし、国債を売りまくることで借金を雪だるま式に際限なく増やしている。この現状をロン・ポールは暴露的にアメリカ国民に報告してきた。議会質問でも、アラン・グリーンスパン前FRB議長に鋭く切り込んで、FRBの政策の間違いを問い質《ただ》し認めさせている(と言ってFRBが政策を中止したわけではない)。このロン・ポール議員が、本書『メルトダウン　金融溶解』を、「現在の金融危機を理解するために読むべき本は、この本以外にはない」と冒頭の推薦文で太鼓判を押している。

著者ウッズが一番言いたいことを、本書『メルトダウン　金融溶解』から二カ所だけ抜き書きする。

連邦準備制度そのものが、今度の金融危機の最も大きな原因なのである。誰も望まないのに低い金利を定め、資金を過度に利用しやすくした。するとそれが過剰なレバレッジや投機、そして大きな負債を生む結果となった。連邦準備制度が金利を操作し、投資家たちに経済状況について誤った情報を与えた。そのために、資金がリターン（利益）を生み出し続けるはずのない分野にまで過大に持ち込まれ、市場が混乱する結果になった。

（本書37ページ）

ウッズは、今回のニューヨークの金融暴発の原因は、連邦準備制度が故意に続けた低金利政策にある、と本の中で繰り返し糾弾している。

日本も、もう一〇年もアメリカ政府による強制で、実質ゼロ金利を続けさせられている。金利というものは五パーセントくらいあって自然であり、当然のものなのである。今の〝ゼロ金利〟は異様である。それは、人間の体温は三六・五度ぐらいで正常だが、それが金融危機で、本当なら四〇度ぐらいの熱が出ているはずなのに、それをゼロ金利で無理やり三四度ぐらいにまで人為的に政策で冷やしていることに例えられる。だからお札（紙幣、ペーパー・マネー）ではなく金貨主義に戻れ、と主張している。アメリカは今こそ、開拓時代の昔に戻って、金貨と銀貨という正貨《リーガル・テンダー》の流通を復活させるべきだ、と主張している。その理由について、ウッズは次のように書いている。

紙幣が、財物本位制 commodity standard《コモディティ・スタンダード》の下で使用されると、ただの紙が通貨《カレンシー》となる。人々が望むならば、その紙幣は必ず貴金属である同等の金《きん》や銀《ぎん》と交換できなければならないのである。もし政府が、本当に保有している金や銀の量の裏付け以上の紙幣を勝手に発行すると、この兌換《だかん》（交換）システムはやがて信用を失う。人々が紙幣を貴金属と交換してくれと要求すると、信用秩序はすぐに崩壊してしまう。人々が手持ちの紙幣を貴金属に交換してくれと求めて殺到すると政府は通貨発行制度に支障をきたす。その事態を防ごうとして、政府は、「現在流通している紙幣は他の何にも交換できない」とするシステムに変更しようとする。これを法定不換紙幣《フィアット・マネー》という。そうしさえすれば、政府は無制限にお手盛りで通貨の供給を増加させることができるのだ。

（本書２１８－２１９ページ）

アメリカ政府は、今や本当に徐々に、この法定不換紙幣 fiat money《フィアット・マネー》制度を導入している。金《きん》との兌換はできない、と改めて宣言し始めている。そうすることで、今後、いくらでも紙幣を刷り、足りない分を市中に垂れ流す。現に今のアメリカ政府は、既に二兆ドル（約二〇〇兆円）分の紙幣を、二〇〇八年からの一年間で増刷、発行したようである。このドル紙幣の裏付けは何もない。ＦＲＢと米財務省が共同謀議《コンスピラシー》で、紙幣と米国債をそれぞれ発行して、交換し合った。それだけで生み出された「国家の信用」である。しかし世の中に流通する一国のお金の量を際限なく増やすと、人々は、景気が崩れる前に、様々の金融バクチ商品への過度の投機やレバレッジ取引に熱中する。これらが仮想の金融契約を山積みし過剰流動性（余ったお金）となって水ぶくれを起こし、バブルが発生する。そして、このバブルは必ず崩壊し、人々に大きな苦痛を与えたことは、私たちがこの二年間で体験し目撃したとおりである。

今回の二〇〇七年からのニューヨーク発の世界金融危機は、まさに、連邦政府が金利を長い間、低いままに押さえつけ、世の中に流通するお金の量を過大に増やした結果である。そのために住宅バブル（地価高騰）が二〇〇七年八月一七日のサブプライムローン暴発で、崩壊したことで始まったのである。

本書の内容に対して、敢えて不満に思う点を述べると、アメリカ国内の話ばかりで、ヨーロッパどころか、日本やサウジアラビア、中国などの諸外国に目が向いていない点だ。

日本は、重苦しいデフレ経済（不況）を一五年間も続け、政府の資金だけでなく日本企業が輸出で稼いだ分も、アメリカの国債を買い続けさせられてアメリカ国内に資金として留めおかれている。また、機関投資家 institutional investors《インスティテューショナル・インヴェスターズ》 と呼ばれる、日本の大手金融機関や年金運用団体が運用する日本国民の預金や保険料や年金積み立て金などは、米国債だけでなく、米住宅公社債や米地方債（州債）などの外債を、無理やり買い続けさせられている。そのように仕組まれて、日本は健気《けなげ》にアメリカの好景気（バブル経済）を一方的に支えてきた。そして、どうやらこれらの日本国民の大切な資金は、もう日本には戻されない（償還されない）ようである。残念ながらこれらの内容は、本書では言及されていない。

本書『メルトダウン　金融溶解』は、私が他の仕事で忙しすぎたために、私の弟子の一人である優秀な古村治彦君が正確に翻訳した。そして、私がそれに徹底して手を入れた。この本の出版の過程で、成甲書房の田中亮介氏にひとかたならぬご尽力をいただいた。記して感謝申し上げたい。

二〇〇九年七月四日

古村治彦
副島隆彦

◉著者について

トーマス・ウッズ Thomas E. Woods Jr.

1972年、米国生まれ。ルードビッヒ・フォン・ミーゼス研究所（アラバマ州オーバーン市）上級研究員。ハーバード大学卒業後、コロンビア大学大学院を修了し、博士号を取得。著書『宗教と市場――自由経済をカトリックの立場から擁護する』は2006年度テンプルトン・エンタープライズ賞を獲得した。著書は多数あるが、『政治的に正しくないアメリカ史ガイド』はベストセラーとなった。本書『メルトダウン』も2009年３月に刊行されるやニューヨーク・タイムズ紙を始めとする各種のベストセラーランキング入りし、イタリア語、スペイン語、ポーランド語、ドイツ語、ポルトガル語、クロアチア語、韓国語、中国語に翻訳されている。また、フォックステレビ、ＭＳＮＢＣテレビ、Ｃ−ＳＰＡＮテレビでは経済解説を担当、幅広い言論活動を展開している。

著者トーマス・ウッズの個人ホームページ
http://ThomasEWoods.com

◉監訳者について

副島隆彦 Takahiko Soejima

1953年、福岡市生まれ。早稲田大学法学部卒業。外資系銀行員、予備校講師、常葉学園大学教授などを歴任。副島国家戦略研究所（ＳＮＳＩ）を主宰し、日本人初の「民間人国家戦略家」として、執筆・講演活動を続けている。

ホームページ「副島隆彦の学問道場」
http://soejima.to

メルトダウン 金融溶解《きんゆうようかい》

◉著者
トーマス・ウッズ

◉監訳・解説
副島隆彦《そえじまたかひこ》

◉発行日
初版第1刷　2009年8月10日
初版第2刷　2009年8月20日

◉発行者
田中亮介

◉発行所
株式会社 成甲書房

郵便番号101-0051
東京都千代田区神田神保町1-42
振替00160-9-85784
電話03(3295)1687
E-MAIL mail@seikoshobo.co.jp
URL http://www.seikoshobo.co.jp

◉印刷・製本
株式会社 シナノ

©Takahiko Soejima, Haruhiko Furumura

Printed in Japan, 2009
ISBN978-4-88086-249-1

定価は定価カードに、
本体価はカバーに表示してあります。
乱丁・落丁がございましたら、
お手数ですが小社までお送りください。
送料小社負担にてお取り替えいたします。

副島隆彦〈好評既刊〉

副島隆彦の人生道場

副島隆彦

「人間、いい齢になったら、人を育てることが一番大事である。人（後継者）を育てられず、自分のことだけで窮々としているのは、元々たいした人間ではない。だから私は、集まって来る若い人々を『学問道場』という私塾に集めて育てて八年になる。若者に人生を教える教師を名乗ってもいいだろうと思うようになった。だから本書を『人生道場』と名づけた――（「著者のことば」より）。真実派言論人・副島隆彦が満を持して放つ初の人生論。集い来る若者たちに贈った重要な示唆の中から16本を精選――日本図書館協会選定図書

四六判上製288頁　定価：1680円（本体1600円）

共産中国はアメリカがつくった

G・マーシャルの背信外交

ジョゼフ・マッカーシー
副島隆彦 監修・解説

「共産主義と資本主義の対立による米ソ冷戦などというものは嘘っぱちだ。愛国上院議員は歴史の真実を暴いたのだ！」。アメリカ政府にはびこる「隠れ共産主義者」を告発したジョー・マッカーシー上院議員、それはいわば集団反共ヒステリーとして決着されているが、実は大戦中の諸政策、ソ連対日参戦、講和使節無視、原爆投下、そして戦後は共産中国づくりという、マーシャル国務長官の背信外交を糾弾したものだった。マッカーシーの真実言論の書を初邦訳――日本図書館協会選定図書・好評増刷出来

四六判上製288頁　定価：1890円（本体1800円）

◉

ご注文は書店へ、直接小社Webでも承り

異色ノンフィクションの成甲書房